M. Hartl/Ch. Troll/N. Lohmann/F. Rieß

Hauswirtschaft an Stationen

Übungsmaterial zu den Kernthemen des Lehrplans 7

Auer Verlag

Gedruckt auf umweltbewusst gefertigtem, chlorfrei gebleichtem
und alterungsbeständigem Papier.

1. Auflage 2010
Nach den seit 2006 amtlich gültigen Regelungen der Rechtschreibung

Fotos: Friedrich Rieß
Satz: krauß-verlagsservice, Augsburg
Druck und Bindung: Franz X. Stückle Druck und Verlag, Ettenheim
ISBN 978-3-403-**06637**-8

www.auer-verlag.de

Inhaltsverzeichnis

Vorwort

Stationenarbeit – eine Organisationsform des Offenen Unterrichts

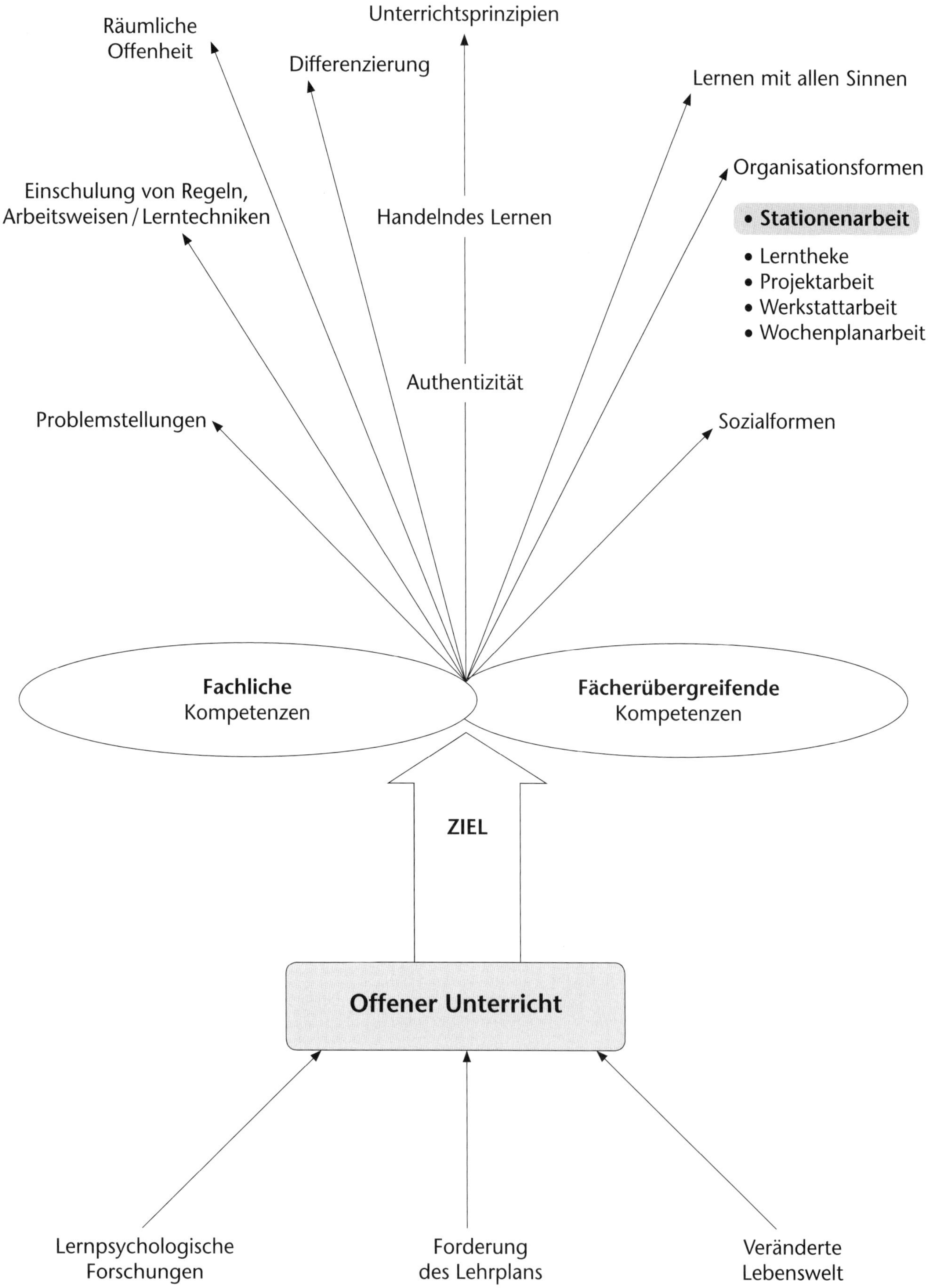

Thematischer Aufbau der einzelnen Stationen

In diesem Buch finden Sie Stationen zum Grundwissen, zu grundlegenden Techniken sowie zum Basiswissen der Ernährungslehre der 7. Jahrgangsstufe.

Jeder Stationenlauf beginnt mit einer **Übersichtsseite** für den Lehrer. Hier sind wichtige Aspekte wie Medien, Einkaufszettel, Organisationshinweise sowie mögliche Kompetenzen aufgeführt.
Weiter folgen dann zu den Themen mehrere **Stationen** (teilweise aufeinander aufbauend oder auch unabhängig voneinander), die der Lehrer in der Anzahl oder in ihrer Funktion (Wahl- oder Pflichtstationen) festlegen kann.
Jedes Thema beinhaltet neben den Stationen ein zusätzliches **Arbeits**- und oft ein **Rezeptblatt**, das aber auch durch ein anderes Rezept ausgetauscht werden kann.
Die **Lösungen** der Arbeitsblätter finden Sie ab S. 83.

Tipps zur Organisation

Die Durchführung eines Stationenlaufs bedarf einer guten Organisation, deshalb finden Sie nachfolgend einen Vorschlag für einen Tafelanschrift/Folie, mit dem/der Sie den Schülern einen Überblick über die Stationen (Anzahl, Themen, Wahl- oder Pflichtstation usw.) geben können. Sie müssen dazu die Themen in die jeweils vorgesehenen Kästchen eintragen.
Weiter finden Sie Stationenschilder, die den Schülern zur besseren Orientierung dienen.

Besonderheiten

Jeder Stationenlauf ist so konzipiert, dass fast alle Stationen unabhängig voneinander durchgeführt werden können, d. h. jeder Lehrer hat die Möglichkeit, die Stationen auch als Gruppenarbeit (arbeitsgleich oder arbeitsteilig) in seinem Unterricht durchzuführen.

Sind Stationen in ihrem Aufbau sehr umfangreich, dann gibt es eine zusätzliche Fotografie mit Anweisungen. So können die Schüler die Stationen selbstständig aufbauen und es geht weniger Zeit für die Vorbereitung durch den Lehrer verloren. Ebenfalls wird durch den selbstständigen Aufbau der Stationen durch die Schüler die Verantwortungsfähigkeit und Gewissenhaftigkeit der Schüler gefördert.

Viele Stationen sind so ausgerichtet, dass sich der Schüler durch entsprechende Kontrollkärtchen (grau hinterlegte Bausteine) selbst kontrollieren kann. Hierdurch werden Selbstverantwortung, Motivation und Verantwortungsbewusstsein geschult.

Tipps zur Herstellung der Medien

Es empfiehlt sich zur besseren Haltbarkeit der Medien, diese zu laminieren.
Bei Stationen, die mehrere Teile (z. B. Texte, Zuordnungskärtchen usw.) enthalten, ist es besonders förderlich, diese Teile in einem Umschlag oder einer Box aufzubewahren. So gehen keine Teile verloren.

Um den Aufforderungscharakter für die Schüler zu erhöhen, ist es sinnvoll, die Stationen auf farbiges Papier (evtl. Tonpapier) zu kopieren. Bei manchen Medien gibt es hierfür Farbempfehlungen.

Bei der Erstellung der Medien gilt im gesamten Buch:

- - - - - = Schneidelinie

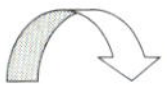 = Faltlinienrichtung

Laufzettel

Thema: ____________________

Name: ____________________

Pflichtstationen

Station ☐

____

____

____

☐ erledigt ☐ kontrolliert

Station ☐

____

____

____

☐ erledigt ☐ kontrolliert

Station ☐

____

____

____

☐ erledigt ☐ kontrolliert

Station ☐

____

____

____

☐ erledigt ☐ kontrolliert

Station ☐

____

____

____

☐ erledigt ☐ kontrolliert

Station ☐

____

____

____

☐ erledigt ☐ kontrolliert

Wahlstationen

Station ☐

____

____

____

☐ erledigt ☐ kontrolliert

Station ☐

____

____

____

☐ erledigt ☐ kontrolliert

Stationenschilder

Schilder zur besseren Orientierung auf buntes Tonpapier kopieren.
Stationenschilder in der Mitte falten. Nummerierung ergänzen.

Station	**Station**

Station	**Wahlstation**

Mülltrennung

Übersicht:

- **Station „Müllentsorgung in der Schulküche"**
  Medien: Abfallbehälter mit Etiketten, Abfälle von der praktischen Nahrungszubereitung
- **Station „Müllentsorgung zu Hause"**
  Medien: Arbeitsblatt (S. 14), Buntstifte
- **Station „Müllentsorgung am Wertstoffhof/ Müllcontainer"**
  Medien: Arbeitsblatt (S. 14)
- **Station „Müllvermeidung"**
  Medien: Arbeitsblatt (S. 14), Einkaufstasche aus Stoff/Plastik, Korb, Pfandflaschen usw.
- **Station „Müllrecycling"**
  Medien: Arbeitsblatt (S. 14), Lineal, Lösung
- **Station „Müll-Kreuzworträtsel"**
  Medien: Lösung
- **Station „Mülltonnen-Puzzle"**
  Medien: Puzzle, Umschlag

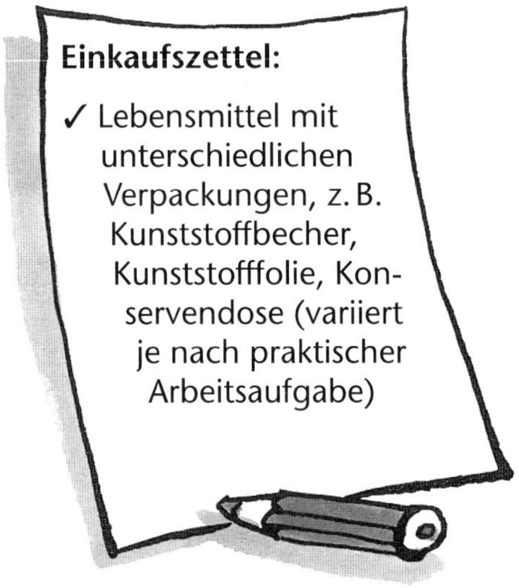

Kompetenzen:

- Müllarten unterscheiden und sachgerecht trennen.
- Restmüll erkennen und unter Beachtung von hygienischen Gesichtspunkten entsorgen.
- Vorteile von Müllrecycling erkennen und Wertstoffe ortsspezifisch sammeln und entsorgen.

Organisatorische Hinweise:

Es ist sinnvoll, zuerst mit der praktischen Nahrungszubereitung zu beginnen, damit die Schüler bereits Müll sammeln können, den man im Stationenlauf sachlich richtig entsorgen kann.

Etiketten für die Müllbehälter in der Schulküche

Restmüll

Biomüll

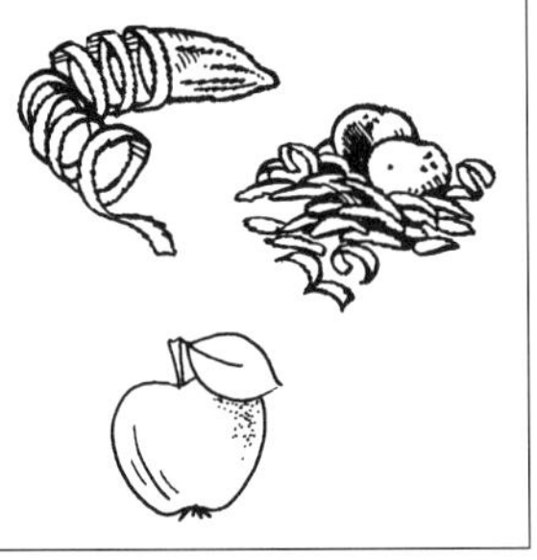

Papier

Metall

Glas

Kunststoff

Hinweis zur Herstellung:

- Etiketten vergrößern.
- Etiketten laminieren oder mit Plastikfolie überkleben, damit sie abwaschbar sind.

Station

Müllentsorgung in der Schulküche

Schulmüll – ab in die richtige Tonne!

Aufgaben:

1. **Suche** die Abfallbehälter in der Schulküche.
2. Welche Abfälle sammeln wir getrennt? **Lies** die Beschriftung der Abfallbehälter.
3. **Entsorge** die Abfälle, die heute bei der Nahrungszubereitung entstanden sind.

Station

Müllentsorgung zu Hause

Hausmüll – ab in die richtige Tonne!

Aufgaben:

1. **Lies** den Text durch.
2. **Trage** je 3 Beispiele auf dem Arbeitsblatt unter Nummer 1 „So trennst du richtig!" in die entsprechende Mülltonne ein.
3. **Male** die Tonnen in der entsprechenden Farbe an, die sie bei dir zu Hause haben.

Müllentsorgung zu Hause

Jeder private Haushalt in Deutschland hat in der Regel verschiedene Mülltonnen zu Hause, in denen er den Müll sorgfältig getrennt sammelt. Dies lohnt sich auch finanziell. Je weniger Restmüll übrig bleibt, desto weniger muss man zahlen.

So trennst du richtig!

In jeder Stadt/jedem Landkreis können verschiedene Tonnensysteme vorhanden sein.

<u>Restmülltonne</u>: Speisereste, Knochen, Hygieneartikel, fettiges Papier, …

<u>Biotonne/Kompost</u>: Obst- und Gemüseabfälle, Kartoffelschalen, Gartenabfälle, …

<u>Papiertonne</u>: Schreibpapier, Zeitungen, Zeitschriften, Verpackungen aus Papier, z. B. Zuckerverpackung, …

Station

Müllentsorgung am Wertstoffhof/Müllcontainer

Wohin mit dem gesammeltem Müll?

Aufgaben:

1. **Lies** den Text durch.
2. **Trage** je 3 Beispiele auf dem Arbeitsblatt in die entsprechende Mülltonne ein (Nummer 1).

Müllentsorgung am Wertstoffhof/Müllcontainer

Viele Abfälle kannst du nicht zu Hause entsorgen, sondern sie müssen zu speziellen Müllsammelstellen gebracht werden. Dies ist von Ort zu Ort sehr unterschiedlich. In der Regel gibt es in Deutschland Wertstoffinseln oder Wertstoffhöfe, in denen zu bestimmten Öffnungszeiten Müll entsorgt werden kann, der nicht zu Hause in die Tonne darf.

So trennst du richtig!

Metall: Aluminiumfolie, Joghurtdeckel aus Aluminium, Konservendosen, Kronenkorken, …

Kunststoff: Plastikbecher, Plastikverpackungen, Plastikfolie, Tetrapak, …

Glas: Beachte, dass Glas nach Farben getrennt entsorgt werden muss!

Weitere Wertstoffe: Korken, Batterien, Styropor, Giftmüll (z. B. Reinigungsmittel, Lacke), Grünabfälle (z. B. Blätter, Baumschnitte), Haushaltsgeräte (z. B. Kühlschränke), Sperrmüll, …

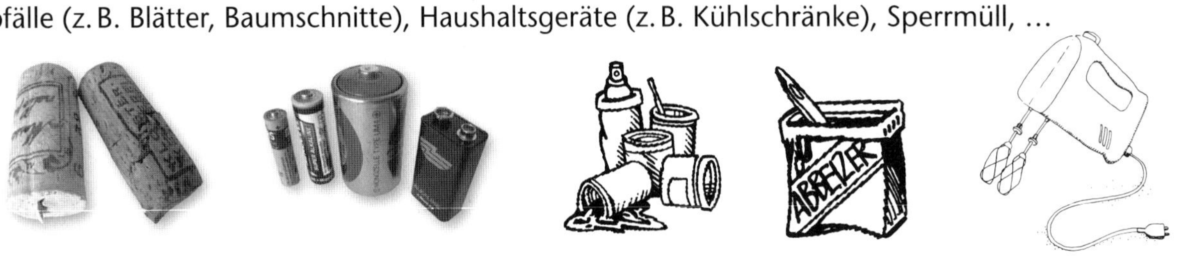

Station

Müllvermeidung

Müll trennen ist gut, Müll vermeiden ist besser!

Aufgaben:

1. **Lies** den Text durch.
2. **Überlege** dir 3 Regeln, die du selbst in Zukunft beim Einkauf beachten willst.
3. **Trage** 3 Regeln auf dem Arbeitsblatt ein (Nummer 2).

Müllvermeidung

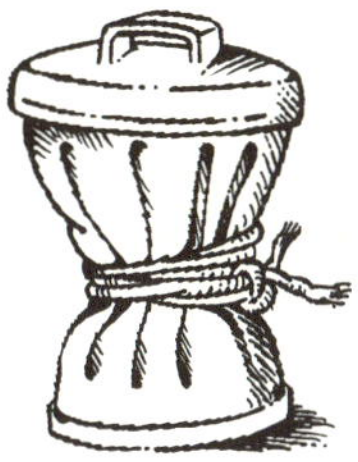

Natürlich ist Mülltrennen eine gute Sache. Aber viele Materialien können nicht recycelt werden und müssen in Müllverbrennungsanlagen unter hohem Energieverbrauch verbrannt werden. Außerdem werden auch beim Recyclen sehr hohe Energie- und Wassermengen verbraucht. Daher ist es sinnvoller, Müll beim Einkauf schon zu vermeiden.

Tipps zum Müllvermeiden:

- Bervorzuge offenes, unverpacktes Obst oder Gemüse!
- Vermeide aufwendig verpackte Produkte, z. B. bei Süßigkeiten, Kosmetika!
- Bevorzuge Pfandflaschen. Diese können bis zu 60× wieder befüllt werden …
- Meide Getränke in Dosen und Einwegverpackungen!
- Nimm zum Einkaufen einen Korb oder Stoffbeutel mit.
- Verpacke dein Pausenbrot in einer Brotzeitbox!

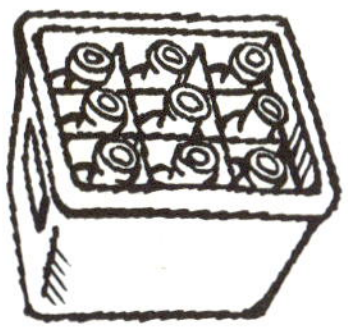

Station

Müllrecycling (engl. Cycle = Kreis)

Aus Alt mach Neu!

Aufgaben:

1. **Lies** den Text durch und **unterstreiche** die Vorteile des Müllrecycelns.
2. **Kontrolliere** mithilfe des Lösungsstreifens.
3. **Ergänze** das Arbeitsblatt (Nummer 3).

Müllrecycling

Nicht jeder Abfall ist wertloser Müll. Papier, Glas oder Metallabfälle sind Wertstoffe, aus denen in einer Art Kreislauf immer wieder neue Produkte hergestellt werden. Dies verringert das Müllaufkommen und schont wertvolle Rohstoffe.
Ebenso ist der Energie- und Wasserverbrauch wesentlich geringer, z. B. wird beim Recyceln von Papier nur ein Drittel der Energiemenge benötigt, wie bei der Herstellung von Papier aus Holz.

Kontrolle: Müllrecycling

Nicht jeder Abfall ist wertloser Müll. Papier, Glas oder Metallabfälle sind Wertstoffe, aus denen in einer Art Kreislauf immer wieder neue Produkte hergestellt werden. Dies verringert das Müllaufkommen und schont wertvolle Rohstoffe. Ebenso ist der Energie- und Wasserverbrauch wesentlich geringer, z. B. wird beim Recyceln von Papier nur ein Drittel der Energiemenge benötigt, wie bei der Herstellung von Papier aus Holz.

Station

Müll-Kreuzworträtsel

Fragen:

1. Wie kauft man Obst und Gemüse möglichst verpackungsarm ein?
2. Welche Getränkeverpackung ist die umweltfreundlichste?
3. Speisereste gehören in den …
4. Wie nennt man es, wenn aus Abfällen neue Rohstoffe gewonnen werden?
5. Obst- und Gemüseschalen gehören in den …
6. Was sollst du zum Einkaufen mitnehmen? Eine …
7. Eine leere Mehltüte gehört in den …
8. Joghurtbecher, Käseverpackungen, Tüten bestehen aus …
9. Eine leere Konservendose gehört in den …
10. Sperrmüll, Styropor, Giftmüll bringst du zum …

Lösungswort: Ein Wertstoffsammelbehälter für Flaschen usw.?

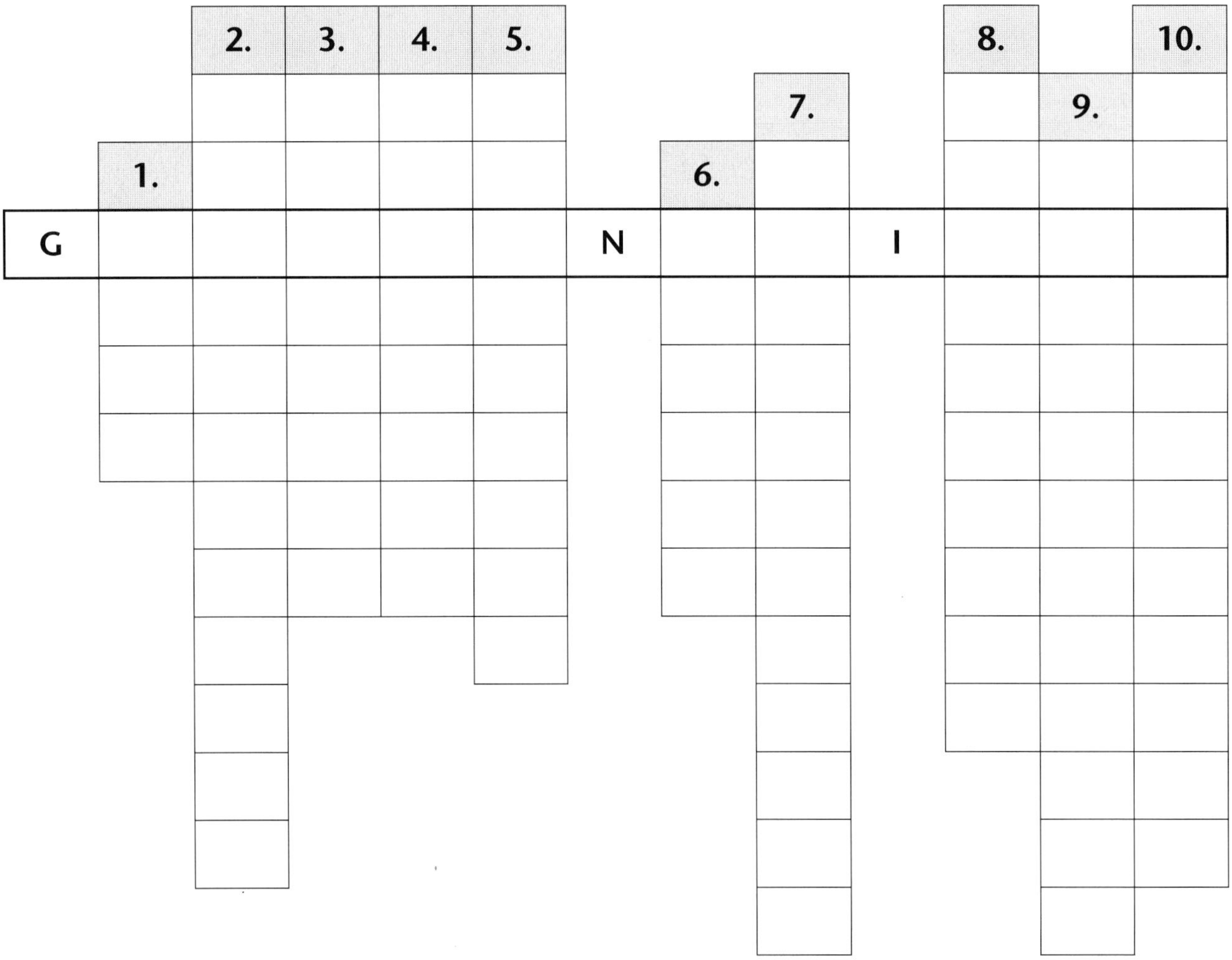

Kontrolle: Müll-Kreuzworträtsel

1. Lose
2. Pfandflasche
3. Restmüll
4. Recyceln
5. Bioabfall
6. Tasche
7. Papierabfall
8. Kunststoff
9. Metallabfall
10. Wertstoffhof

Lösungswort: Glascontainer

Station

Mülltonnen-Puzzle

Aufgabe:

Setze die Mülltonnen richtig zusammen.

Tipp: Es müssen 6 Müllbehälter bei diesem Puzzle entstehen!

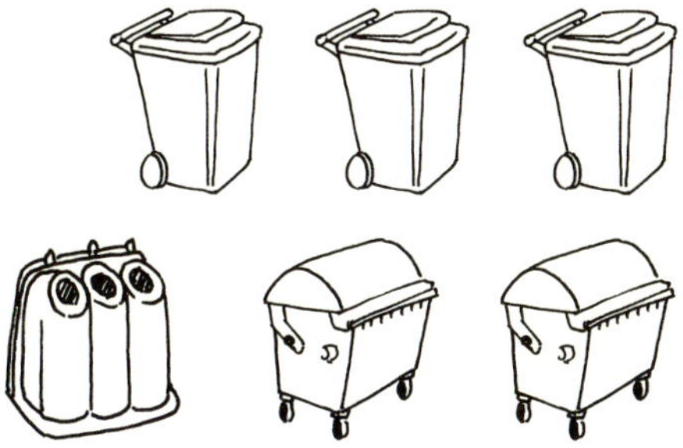

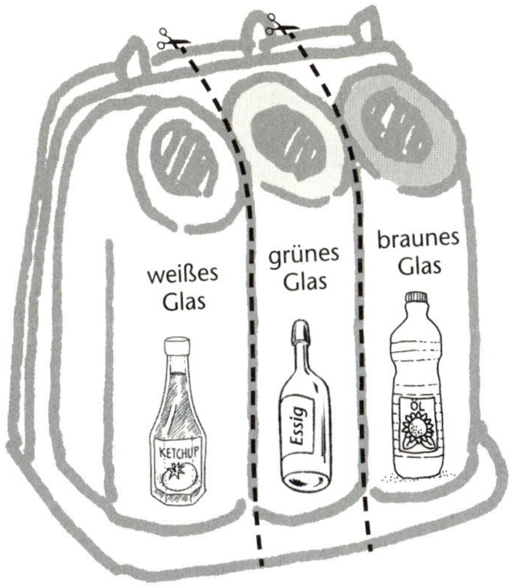

Herstellung:
Puzzle stark vergrößert kopieren, laminieren und an der gestrichelten Linie zerschneiden. Es ist ratsam, die Puzzleteile in einem Umschlag oder in einer Schachtel aufzubewahren.

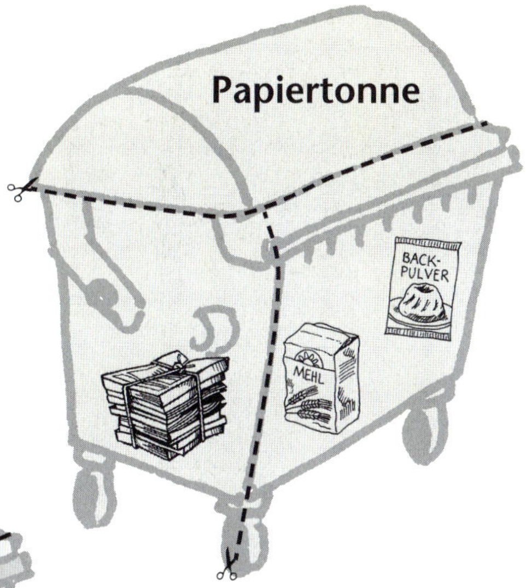

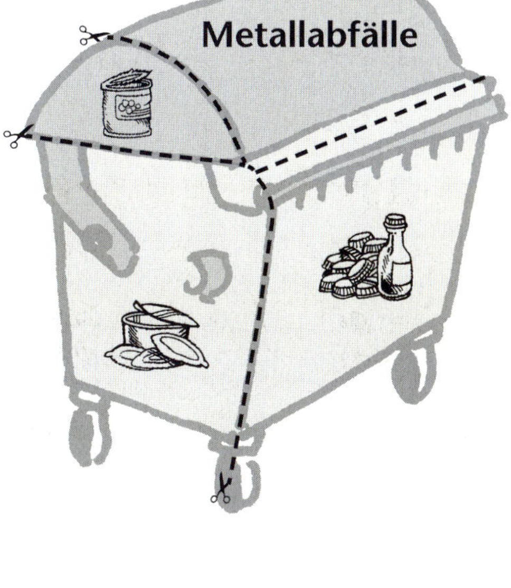

Arbeitsblatt

Mülltrennung

1. So trennst du richtig!

Zu Hause	**Restmüll** 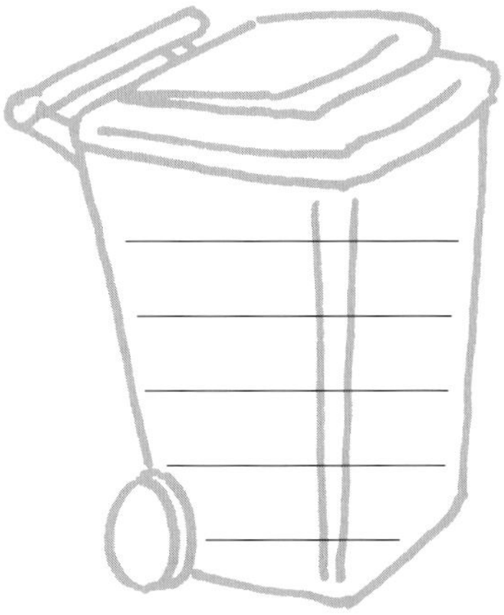	**Bioabfall/Kompost** 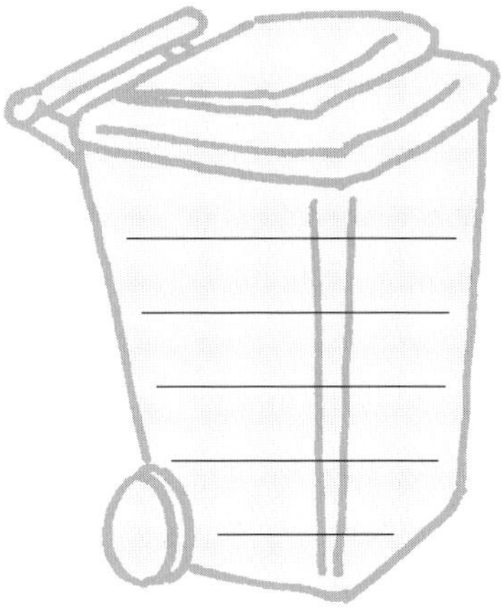	**Papier** 
Wertstoffhof/-insel	**Metall** 	**Kunststoff** 	**Glas** 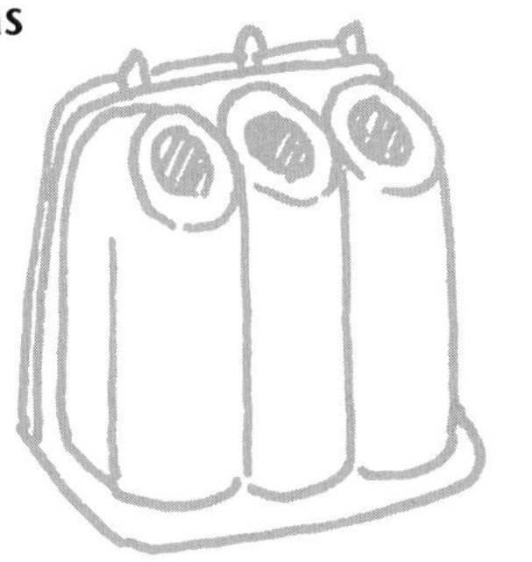 Beachte: ____________
	Sonstiges am Wertstoffhof: ____________		

2. Müll trennen ist gut, Müll vermeiden ist besser!

____

____

____

3. Vorteile von Müllrecycling

____

____

____

Lösung, S. 83

Einkauf

Übersicht:

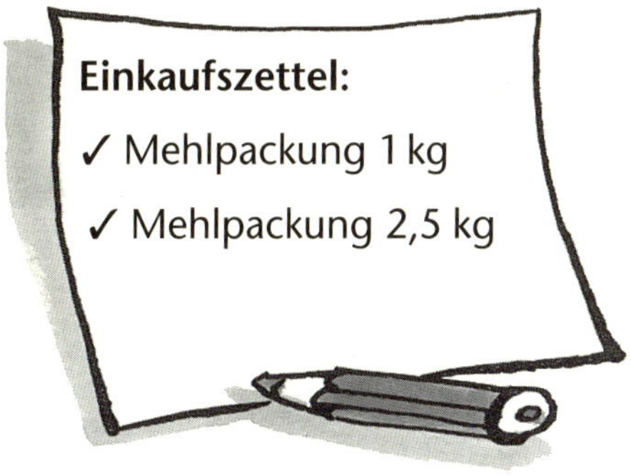

- **Station „Der Einkaufszettel"**
  Medien: Rezeptblatt (S. 23), Kontrolle
- **Station „Augen auf beim Einkauf"**
  Medien: Text, Arbeitsblatt (S. 24)
- **Station „Der Vorratsschrank"**
  Medien: Text, Rezeptblatt (S. 23), Arbeitsblatt (S. 24)
- **Station „Der Umwelt zuliebe"**
  Medien: Textkarte, Arbeitsblatt (S. 24), Kontrolle
- **Station „Preisvergleich"**
  Medien: Textkarte, Taschenrechner
- **Station „Lagerung des Einkaufs!"**
  Medien: Arbeitsblatt, Kontrolle
- **Station „Der Kassenzettel"**
  Medien: Textkarte, Kontrolle, Arbeitsblatt (S. 24)
- **Station „Der Supermarkt"**
  Medien: Arbeitsblatt

Kompetenzen:

- Den Geschmack von verschiedenen Milchprodukten kennen und beim Zubereiten von Speisen hinsichtlich seiner eigenen Vorlieben auswählen.
- Die Bedeutung von Milch und Milchprodukten kennen und diese im täglichen Speiseplan einplanen.

Organisatorische Hinweise:

Sie können die Stationen auf mehrere Unterrichtseinheiten aufteilen, z. B.:

1. UE: Stationenlauf, Erstellen des Einkaufszettels
2. UE: Erkundung eines Supermarktes, Einkauf der Lebensmittel
3. UE: Backen der Muffins

Station

Der Einkaufszettel

Eine große Hilfe beim Einkauf!

Aufgaben:

1. **Lies** das Rezept „Zebramuffin" auf deinem Rezeptblatt durch.
2. **Trage** die benötigten Zutaten für die Muffins in den Einkaufszettel ein.
   Bedenke dabei Folgendes:
   - Schreibe die Zutaten in die richtige Spalte!
   - Denke daran, dass man Lebensmittel oft nicht einzeln oder grammweise kaufen kann, sondern nur Päckchen, Säckchen, …
3. **Kontrolliere** deinen Einkaufszettel mit der Kontrollkarte!

Kontrolle: Einkaufszettel für Zebramuffins

Obst/Gemüse		Trockenvorräte		Milchprodukte/Eier	
		1 P.	*Mehl*	*1 P.*	*Eier*
		1 P.	*Zucker*	*1 P.*	*Milch*
			Backpulver	*1 P.*	*Butter*
			Vanillezucker		
			Kakao		
Konserven		**Fleisch/Wurst**		**Sonstiges/Gewürze**	
				1 P.	*Schokoladenglasur*
					Papierförmchen

Augen auf beim Einkauf

Vorsicht Falle!

Aufgaben:

1. **Lies** den Text durch.
2. **Verbinde** auf deinem Arbeitsblatt Zusammengehörendes (Nummer 1)!

Vorsicht Falle im Supermarkt!

Im Supermarkt werden sogenannte *Verkaufsstrategien* angewendet, um die Käufer zu locken, dass diese möglichst viele Produkte kaufen, obwohl sie diese Produkte oft gar nicht unbedingt brauchen. Deshalb ist beim Einkauf Vorsicht geboten!

Hierzu einige Tipps:

- Gehe nur mit Einkaufszettel zum Einkaufen, denn zwischen den Regalen oder an der Kasse werden oft „Lockvogelartikel" angeboten, die gekauft werden, obwohl sie gar nicht unbedingt gebraucht werden.

- Vergleiche immer die Preise der Lebensmittel. Viele Produkte werden in unterschiedlichen Größen und Marken angeboten.

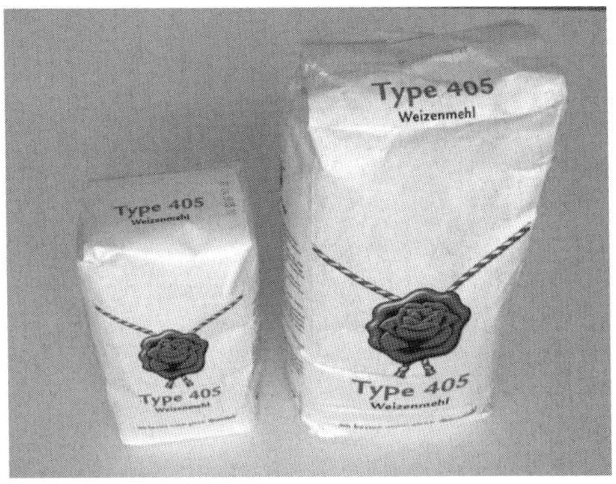

- Kaufe Großpackungen, wenn die Lebensmittel lagerfähig sind und du sie in der nächsten Zeit verarbeiten kannst.

- Achte auf die Haltbarkeit der Waren, kaufe nie Abgelaufenes.

- Achte auf die Preise der Waren. Teurere Waren sind immer auf Sichthöhe des Käufers in den Regalen eingeräumt. Billigere Produkte sowie Eigenmarken des Supermarktes sind immer oben oder unten zu finden.

- Achte auf saisonale und heimische Produkte. Kaufe z. B. keine Erdbeeren im Winter, denn da müssen sie um die halbe Welt nach Deutschland transportiert werden.

Station

Der Vorratsschrank

Der prüfende Blick vor dem Einkauf!

Tipp: Bevor du diese Station löst, musst du erst die Station Einkaufszettel bearbeitet haben.

Aufgaben:

1. **Lies** den Text durch.
2. **Prüfe** mithilfe deines geschriebenen Einkaufszettels den Vorrats- sowie den Kühlschrank, ob benötigte Lebensmittel vorhanden sind.
3. **Streiche** die Lebensmittel durch, die wir nicht mehr kaufen müssen.

Der Vorratsschrank

Der kluge Einkäufer prüft vor dem Einkauf seine Vorräte, damit die, die schon zu Hause sind, verwendet werden.

In fast jedem Haushalt gibt es einen Vorratsschrank oder eine Speisekammer, in der Vorräte aufbewahrt werden. Es gibt unterschiedliche Vorräte, die unterschiedlich gelagert werden müssen.

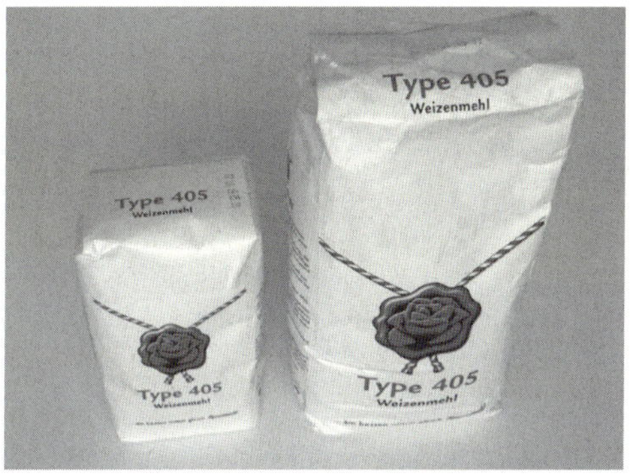

Zu den Trockenvorräten gehören z. B. Mehl, Zucker, Nüsse usw. Diese können längerfristig aufbewahrt werden.

Deshalb kauft man sie oft bei Sonderangeboten in Großpackungen.

Zu den Frischvorräten gehören Milchprodukte, Obst, Gemüse und Eier, diese halten sich nur einige Tage und werden oft im Kühlschrank gelagert.

Tiefkühlvorräte, z. B. Fleisch, Gemüse, halten sich im Gefrierschrank mehrere Monate.

Station

Der Umwelt zuliebe

Danke!

Aufgaben:

1. **Lies** den Text durch.
2. **Ergänze** den Merksatz auf dem Arbeitsblatt (Nummer 3).

Der Umwelt zuliebe!

Wer clever einkauft, kann die Umwelt schützen.

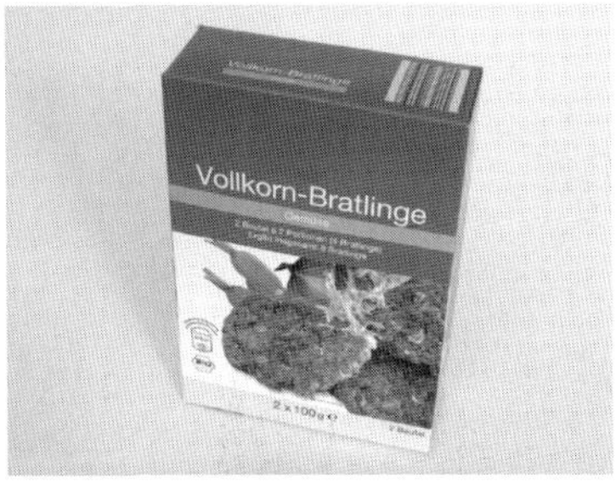

Lebensmittel sind oft aufgrund hygienischer Vorschriften verpackt.

⇨ Der kluge Einkäufer achtet auf umweltfreundliche Verpackungen, wie z. B. Verpackungen aus Papier!

Beim Einkauf kann man schon Müll vermeiden.

⇨ Der kluge Einkäufer nimmt zum Einkauf einen Korb oder eine Stofftasche mit, so spart er unnötige Plastiktüten!

Beim Einkauf kann man Einwegverpackungen vermeiden.

⇨ Der kluge Einkäufer kauft Mehrweg- oder Pfandflaschen!

Kontrolle: Der Umwelt zuliebe

Der kluge Einkäufer achtet beim Einkauf:

- auf *umweltfreundliche* Verpackungen der Lebensmittel.
- darauf, dass er einen *Korb* oder Tasche mitnimmt.
- auf wiederverwendbare *Mehrwegflaschen* oder Pfandflaschen.

Preisvergleich

Geld sparen durch RECHNEN!

Aufgaben:

1. **Betrachte** beide Mehlpackungen mit den dazugehörigen Preis- und Gewichtsangaben.
2. **Berechne**, welches Produkt in Gramm billiger ist.
   Tipp: Verwende zur Berechnung den Dreisatz.
   Das Beispiel hilft dir!
3. **Kontrolliere** mit dem Kontrollblatt!

PREISVERGLEICH – kein Problem!

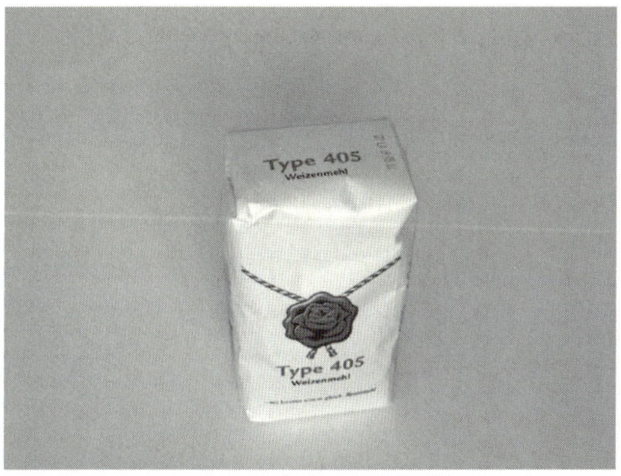	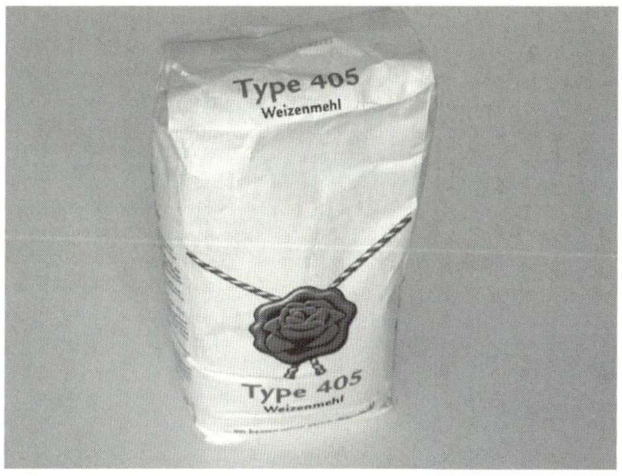
Mehl Nr. 1 Inhalt: 1 kg (1 000 g) Preis: 1,19 €	**Mehl Nr. 2** Inhalt: 2,5 kg (2 500 g) Preis: 2,49 €
Rechnung: 1 000 g Mehl = ______ € 1 g Mehl = ______ € 1 g Mehl = ______ €	Rechnung: 2 500 g Mehl = ______ € 1 g Mehl = ______ € 1 g Mehl = ______ €

Beispiel:
1 kg (1 000 g) Zucker kostet 0,79 €

1000 g Zucker = 0,79 €
1 g Zucker = 0,79 € : 1000
1 g Zucker = 0,00079 €

Kontrolle: Das Mehl Nr. 2 ist billiger. 1 g kostet: 0,00996 €	
Rechnung: 1 000 g Mehl = *1,19 €* 1 g Mehl = *1,19 €:1 000* 1 g Mehl = ***0,00119 €***	Rechnung: 2 500 g Mehl = *2,49 €* 1 g Mehl = *2,49 €:2500* 1 g Mehl = ***0,000996 €***

Station

Lagerung des Einkaufs!

Einkauf – und dann?

Aufgaben:

Nach dem Einkauf müssen die Lebensmittel zu Hause gelagert werden, bis sie verarbeitet werden. Jedoch wird nicht jedes Lebensmittel gleich gelagert.

1. **Betrachte** die Bilder auf der Aufgabenkarte.
2. **Verbinde** die Lebensmittel mit den Orten, wo sie nach dem Einkauf gelagert werden.
3. **Kontrolliere** mit dem Kontrollblatt.

Die sachgerechte Lagerung des Einkaufes

Vorratsschrank | Kühlschrank | Tiefkühltruhe

Kontrolle: Die sachgerechte Lagerung des Einkaufes

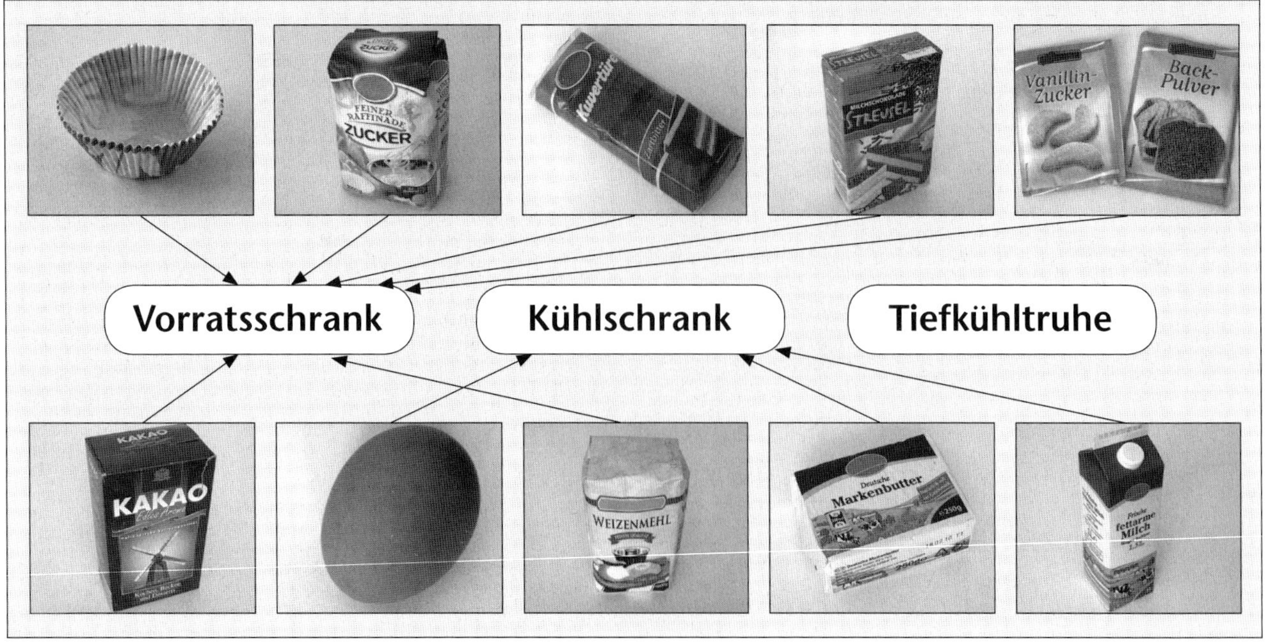

Station

Der Kassenzettel

Ein Zettel mit vielen Informationen

Aufgaben:

1. **Betrachte** den Kassenzettel genau.
2. **Lese** den Text aufmerksam durch.
3. **Verbinde** die einzelnen Informationen mit dem jeweiligen Punkt auf dem Kassenzettel.
4. **Ergänze** dein Arbeitsblatt (Nummer 3).

Der Kassenszettel – ein wichtiger Beleg!

Der Kassenzettel ist ein wichtiges Dokument nach dem Einkauf.

Er enthält viele Informationen, z. B.:

- Summe,
- Rückgeld,
- Mehrwertsteuer,
- Datum,
- Name und Adresse des Geschäftes,
- Zeitpunkt des Einkaufs,
- …

Diese Informationen sind wichtig, da der Einkäufer gleich nach dem Einkauf die Menge, die Produkte und die Preise überprüfen kann, um eventuell zu **reklamieren**.

Weiter ist die Angabe des Namens und der Adresse des Supermarktes ist dafür da, damit man mangelhafte Ware wieder zurückbringen oder umtauschen könnte.

SUPERMARKT XY
NEUSTRASSE 1, MÜNCHEN
MO-SA 8-20 UHR

ROSENMEHL	1.19	7
H-MILCH 1,5 %	0.48	7
SCHOKOSTREUSEL	1.79	7
EIER BODENH.	1.39	7
RAFFINADE	0.69	7
BACKFOERMCHEN	2.49	19
BACKPULVER	0.29	7
VANILLINZUCKER	0.89	7
PFLANZENMARGARINE	0.75	7
SUMME BAR	9.96	
GEGEBEN BAR	10.00	
RÜCKGELD	0.04	

43 225 70603 MWST 19 %
POSITIONEN: 9
04.03.2010 10:35 3551 171717 0757

Der Kassenzettel ist außerdem ein wichtiger **Beleg** z. B. bei der Buchführung oder Führung eines Haushaltsbuches. So kann man am Ende eines Monats genau prüfen, wie viel Geld ausgegeben wurde.

Kontrolle: Der Kassenzettel

- Name und Adresse des Geschäftes
- Mehrwertsteuer
- Summe
- Rückgeld
- Datum
- Zeitpunkt des Einkaufs

SUPERMARKT XY
NEUSTRASSE 1, MÜNCHEN
MO-SA 8-20 UHR

ROSENMEHL	1.19	7
H-MILCH 1,5 %	0.48	7
SCHOKOSTREUSEL	1.79	7
EIER BODENH.	1.39	7
RAFFINADE	0.69	7
BACKFOERMCHEN	2.49	19
BACKPULVER	0.29	7
VANILLINZUCKER	0.89	7
PFLANZENMARGARINE	0.75	7
SUMME BAR	9.96	
GEGEBEN BAR	10.00	
RÜCKGELD	0.04	

43 225 70603 MWST 19 %
POSITIONEN: 9
04.03.2010 10:35 3551 171717 0757

Der Kassenzettel ist aufgrund seiner vielen Informationen ein wichtiger *Beleg* für eventuelle *Reklamationen*, *Umtausch* und für die *Buchführung*!

Kassenzettel immer aufbewahren!

Station

Der Supermarkt

Lebensmittel in Hülle und Fülle!

Aufgaben:

1. **Nimm** deinen Einkaufszettel mit.
2. **Gehe** mit deiner Gruppe aufmerksam durch den Supermarkt und **beantworte** folgende Fragen.

   Tipp: Wenn du Hilfe benötigst, so wende dich höflich an das Verkaufspersonal!

a. In welche Lebensmittelbereiche ist ein Supermarkt eingeteilt?

____

____

____

b. Welche Eigenmarken führt dieser Supermarkt?

____

____

____

c. Notiere, wo die billigeren Produkte bzw. teurere Produkte im Regal eingeräumt sind.

____

____

d. Suche ein Lebensmittel aus dem Gang mit den Backzutaten aus und vergleiche den Preis der Eigenmarke des Supermarktes mit einem anderen Produkt:

Produkt: ________________________________

Preis Eigenmarke: __________ € *Preis Markenware:* __________ €

e. Nimm deinen Einkaufszettel zur Hand und kaufe alle Zutaten, die du notiert hast, ein.

f. Bewahre den Einkaufszettel und dein Rückgeld auf.

g. Wie viel hat dein Einkauf gekostet?

____

Rezeptblatt

Name: ____________________

Einkauf – eine knifflige Sache!

ZEBRA-MUFFINS		
Menge	**Zutaten**	**Zubereitung**
125 g 125 g 1 P. 3	Butter Zucker Vanillezucker Eier	1. Alle Zutaten abwiegen. 2. Butter, Zucker, Vanillezucker und Eier mit dem Handrührgerät zu einer Masse schaumig rühren.
250 g 2 TL 75 g 10 EL	Mehl Backpulver Nüsse (gem.) Milch	3. Mehl, Backpulver, Nüsse und Milch zugeben und unterrühren. 4. Die Hälfte des Teiges in eine zweite Schüssel füllen.
1 EL 2 EL	Kakao Schokostreusel	5. Zu einer Hälfte des Teiges gesiebt Kakao und Schokostreusel geben.
	Papierförmchen	6. Muffinblech mit Muffinformen auslegen und Masse abwechselnd mit einem Löffel in die Förmchen füllen. 7. Muffins backen **Garzeit:** [Umluft] 200 °C ca. 25 Min.
1 P.	Schokoglasur	8. Muffins erkalten lassen, mit Schokoglasur bestreichen.

Einkaufszettel

Obst/Gemüse		Trockenvorräte		Milchprodukte/Eier	
Konserven		**Fleisch/Wurst**		**Sonstiges/Gewürze**	

Einkauf

Arbeitsblatt

Name: ____________________

Einkauf – eine knifflige Sache!

1. Augen auf beim Einkauf!

Bevorzuge Großpackungen, …	da Supermärke oft mit Angeboten locken, die gar nicht gebraucht werden.
Bevorzuge saisonale und regionale Produkte, …	wenn das Lebensmittel lagerfähig ist.
Gehe mit Einkaufszettel zum Einkaufen, …	da diese aus der Region stammen und wertvoll sind.
Vergleiche die Preise der Lebensmittel, …	und kaufe nie abgelaufene Waren.
Denke an die Anordnung der Waren, …	da sie in verschiedenen Größen und Marken angeboten werden.
Prüfe die Haltbarkeit der Waren, …	denn teure Produkte sind immer auf Augenhöhe, billigere Produkte sind immer unten oder oben zu finden.

2. Der umweltfreundliche Einkauf

Der kluge Einkäufer achtet beim Einkauf:

- auf ____________________ Verpackungen der Lebensmittel.
- darauf, dass er einen ____________ oder Tasche mitnimmt.
- auf wiederverwendbare ____________________ oder Pfandflaschen.

3. Der Kassenzettel

Name und Adresse des Geschäftes

Mehrwertsteuer

Summe

Rückgeld

Datum

Zeitpunkt des Einkaufs

SUPERMARKT XY
NEUSTRASSE 1, MÜNCHEN
MO-SA 8-20 UHR

ROSENMEHL	1.19	7
H-MILCH 1,5 %	0.48	7
SCHOKOSTREUSEL	1.79	7
EIER BODENH.	1.39	7
RAFFINADE	0.69	7
BACKFOERMCHEN	2.49	19
BACKPULVER	0.29	7
VANILLINZUCKER	0.89	7
PFLANZENMARGARINE	0.75	7
SUMME BAR	9.96	
GEGEBEN BAR	10.00	
RÜCKGELD	0.04	

43 225 70603 MWST 19%
POSITIONEN: 9
04.03.2010 10:35 3551 171717 0757

Der Kassenzettel ist aufgrund seiner vielen Informationen ein wichtiger ______________ für eventuelle ______________, ______________ und für die ______________!

Kassenzettel immer aufbewahren!

Lösung, S. 83

Messen und Wiegen

Übersicht:

- **Station „Regeln zum Messen und Wiegen“**
  Medien: Text, Arbeitsblatt (S. 30)
- **Station „Hilfsmittel zum Messen und Wiegen“**
  Medien: Rezeptblatt (S. 29), Text, Zuordnungskärtchen
- **Station „Der Messbecher“**
  Medien: Text, Zuordnungskärtchen, Arbeitsblatt (S. 30)
- **Station „Die Waage“**
  Medien: 300 g Zucker, Teller, Waagen, Gebrauchsanweisungen, Kontrollkarte

Kompetenzen:

- Die elektronische und mechanische Küchenwaage kennen und zum Abwiegen verschiedener Lebensmittel sachgerecht nutzen.
- Allgemeingültige Abkürzungen von Maßeinheiten in der Küche kennen und beim Zubereiten von Speisen nach Rezept nutzen.
- Das Lesen von Gebrauchsanweisungen als Informationsbeschaffung kennen und zum Bedienen von neuen Geräten nutzen.

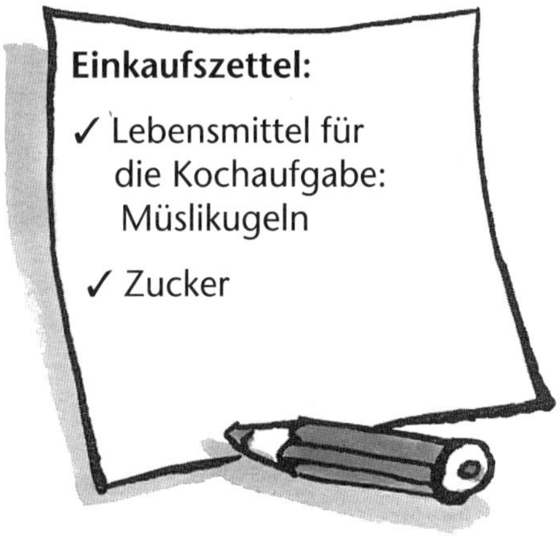

Organisatorische Hinweise:

- Es ist sinnvoll, zuerst mit dem Stationenlauf zu beginnen, damit sich die Schüler bereits Kenntnisse über das Messen und Wiegen aneignen können, um diese dann praktisch anwenden und üben zu können.
- Der Lehrer kann bei der Station „Die Waage“ entscheiden, welche Gebrauchsanweisung er verwenden möchte (je nach Schulküche) bzw. es können auch beide Waagentypen verwendet werden!

Station

Regeln zum Messen und Wiegen

Genauigkeit ist wichtig!

Aufgaben:

1. **Lies** den Text durch.
2. **Formuliere** mithilfe des Textes 4 Regeln.
3. **Notiere** die Regeln auf deinem Arbeitsblatt (Nummer 2).

Messen und Wiegen – gewusst wie!

Für das Gelingen eines Rezeptes ist das exakte Abmessen und Wiegen sehr wichtig, damit das Mengenverhältnis der einzelnen Lebensmittel stimmig ist.

Deshalb muss man einiges beachten:

- Misst man mit einem Ess- oder Teelöffel z. B. Zucker ab, so macht man diese *nur gestrichen voll,* d. h. es sind keine Berge auf dem Löffel!
- Misst man mit dem Messbecher Flüssigkeiten wie z. B. Milch ab, so muss man unbedingt die *richtige Skala ablesen!*
- Wird in einem Rezept die Maßeinheit Tasse verwendet, so soll immer die *gleiche Tasse* für jede Zutat verwendet werden!
- Wiegt man mehrere Zutaten mit der Waage ab, so ist es wichtig, dass man *nach jeder Zutat* die *Waage auf „O“ zurückstellt*!

Station

Hilfsmittel zum Messen und Wiegen

Viele Helfer zum Messen und Wiegen!

Aufgaben:

1. **Lies** den Text durch.
2. **Ordne** den Messgeräten die richtigen Abkürzungen zu.
3. **Vervollständige** dein Rezeptblatt.

Viele Helfer zum Messen und Wiegen

Es gibt viele verschiedene Geräte zum Messen und Wiegen.
Je nach Menge bzw. Lebensmittel wählt man andere Geräte.

Man kann z. B. mit den Fingern, mit Besteck oder dem Messbecher abmessen oder mit der Waage abwiegen.

Zuordnungsspiel zum Messen und Wiegen

Legefeld und Kärtchen ggf. vergrößern, laminieren und Legekärtchen mit Abkürzungen an den gestrichelten Linien auseinanderschneiden.

Messen mit Besteck			
	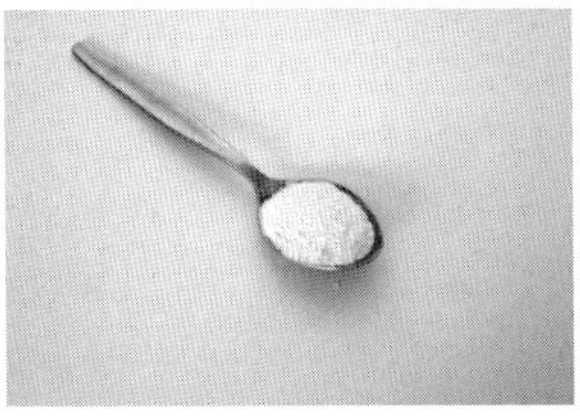		
Messen mit den Fingern	**Messen mit dem Messbecher**	**Messen mit der Waage**	
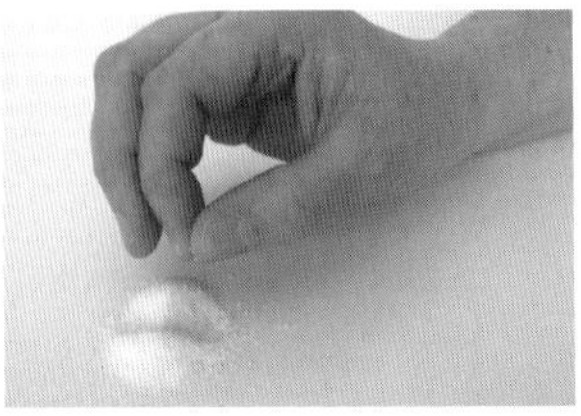			

ml l	g kg	g kg	Pr.
EL	TL	T.	Msp.

Station

Der Messbecher

Genauigkeit in Milliliter und Liter!

Aufgaben:

1. **Lies** den Text durch.
2. **Ordne** dem Messbecher die richtigen Hohlmaße zu.
3. **Vervollständige** dein Arbeitsblatt (Nummer 1).

Abmessen von Flüssigkeiten im Messbecher

Im Messbecher werden vor allem Flüssigkeiten, wie z. B. Wasser, Milch und Saft abgemessen. Die Menge wird anhand einer eingeprägten Skala abgelesen.

Die Einheiten werden immer in Abkürzungen angegeben:

- l = Liter
- ml = Milliliter
- ccm = Kubikzentimeter

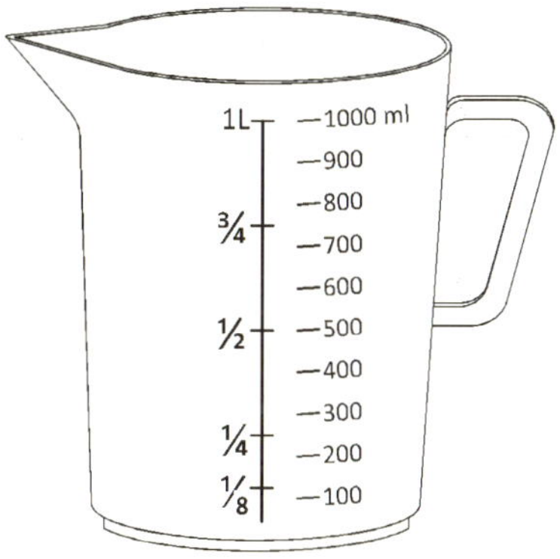

Legespiel Messbecher und Hohlmaße

Legefeld und Kärtchen kopieren, 150 % vergrößern, laminieren und an den gestrichelten Linien auseinanderschneiden.

	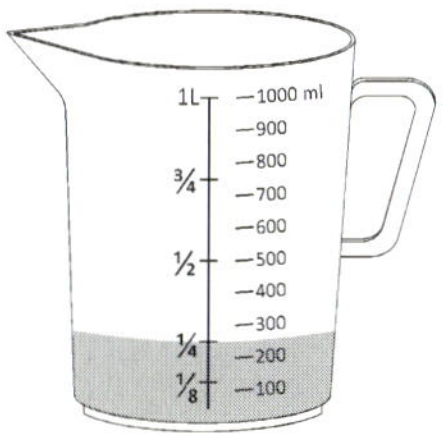	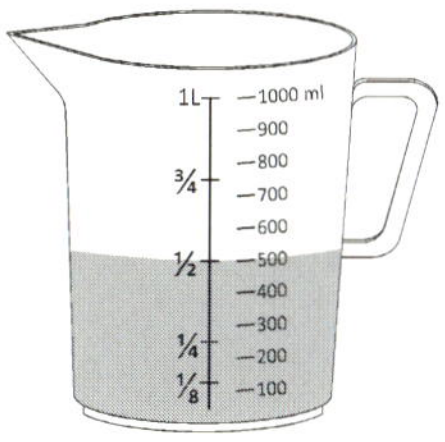	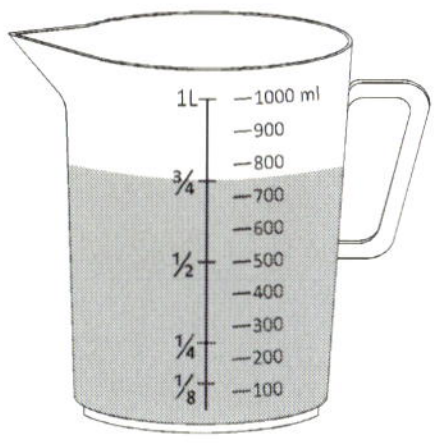	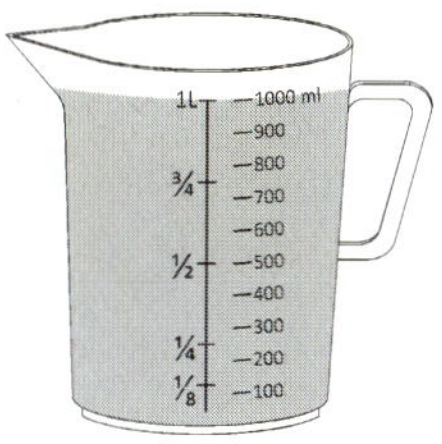

$\frac{1}{8}$ l =	$\frac{1}{4}$ l =	$\frac{1}{2}$ l =	$\frac{3}{4}$ l =	1 l =
125 ml =	250 ml =	500 ml =	750 ml =	1 000 ml =
125 ccm	250 ccm	500 ccm	750 ccm	1 000 ccm

Station

Die Waage

Genauigkeit in g und kg

Aufgaben:

1. **Lies** die Gebrauchsanweisung der Waage durch.
2. **Wiege** mithilfe der Gebrauchsanweisung den vorbereiteten Zucker ab.
3. **Kontrolliere** deine abgewogene Menge auf der Rückseite der Aufgabenkarte.

Kontrolle: Die Waage Abgewogene Menge = 300 g

Gebrauchsanweisung elektronische Waage:

1. Produktbeschreibung:

❶ Abstellfläche

❷ Display

❸ Ein- und Ausschalttaste (ON/OFF)

❹ Tara- oder Reset-Taste

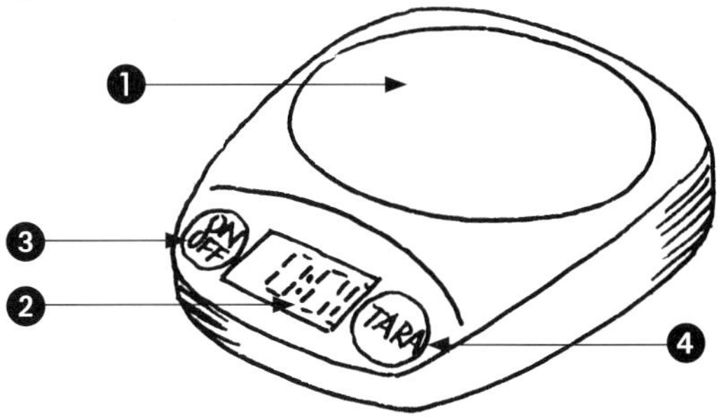

2. Benutzung zum Wiegen von Lebensmitteln:

- Schalte die Waage ein. Drücke die Ein-/Ausschalttaste (ON/OFF).
- Stelle einen Teller auf die Waage.
- Stelle die Waage auf „O" zurück. Drücke die Tara-Taste und warte, bis die „O" erscheint.
- Wiege die gewünschte Menge ab.
- Schalte die Waage mit der Ausschalttaste wieder aus.

Gebrauchsanweisung mechanische Waage:

1. Produktbeschreibung:

❶ Abstellfläche mit Schüssel

❷ Messskala

❸ Verschiebbare Fläche zum Zurückstellen auf 0

❹ Ablesestrich

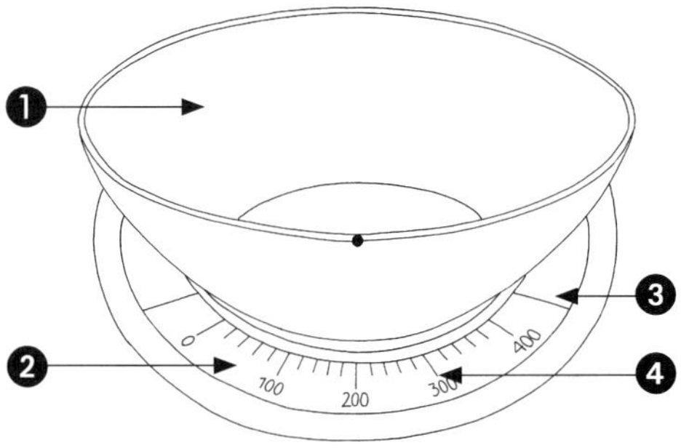

2. Benutzung zum Wiegen von Lebensmitteln:

- Stelle ein Gefäß auf die Abstellfläche.
- Drehe den verschiebbaren Teller, bis der Ablesestrich auf „O" zeigt.
- Wiege die gewünschte Menge ab. (1 Strich = 20 g)
- Lese die Menge mithilfe des Ablesestriches ab.

Messen und Wiegen

Rezeptblatt

Wir stellen Müslikugeln her!

Name: ______________________

MÜSLIKUGELN		
Menge	**Zutaten**	**Zubereitung**
1 EL 2 EL 3 EL	Butter Zucker Honig	1. Mandelblättchen und Sonnenblumenkerne abwiegen. 2. Butter, Zucker und Honig in einem Topf auf geringer Hitze schmelzen lassen. ⇨ Karamellisieren
1 Msp. ½ T. 50 g 50 g 1 TL 1 EL 1 TL 1 EL	Zimt Haferflocken Mandelblättchen Sonnenblumen- kerne Kokosflocken Schokostreusel Leinsamen Cornflakes	3. Alle anderen Zutaten zugeben und gut verrühren. 4. Müslimasse ganz kurz abkühlen lassen. 5. Mit feuchten Händen kleine Müslikugeln formen. 6. Müslikugeln auf einer Alufolie erkalten lassen.

Hilfsmittel zum Messen und Wiegen!

Messen mit Besteck			
	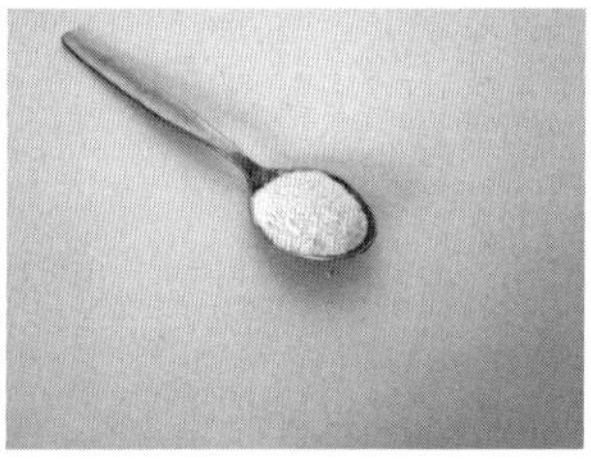		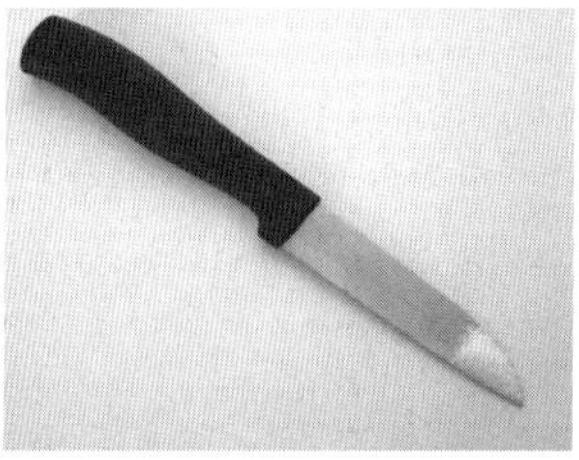
____________	____________	____________	____________

Messen mit den Fingern	Messen mit dem Messbecher	Messen mit der Waage	
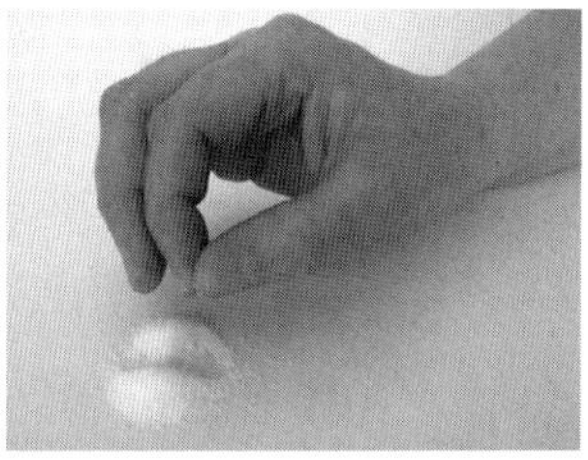		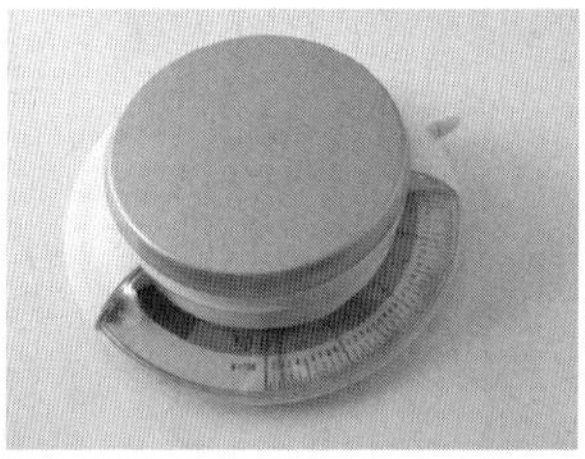	
____________	____________	____________	____________

Name: ____________

Messen und Wiegen

1. Der Messbecher

Im Messbecher werden vor allem Flüssigkeiten wie z. B. Wasser, Milch und Saft abgemessen.

Die Menge wird anhand einer eingeprägten Skala abgelesen.
Die Einheiten werden immer in Abkürzungen angegeben:

- l = Liter
- ml = Milliliter
- ccm = Kubikzentimeter

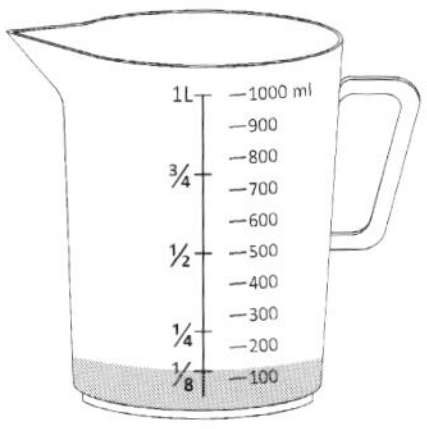	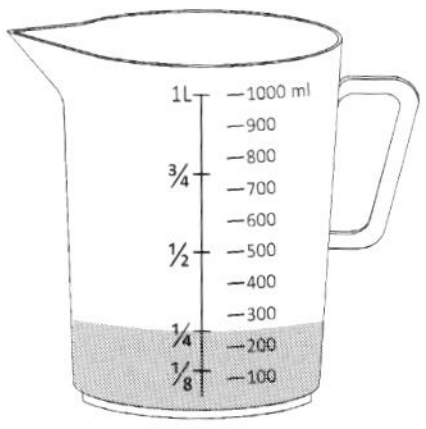	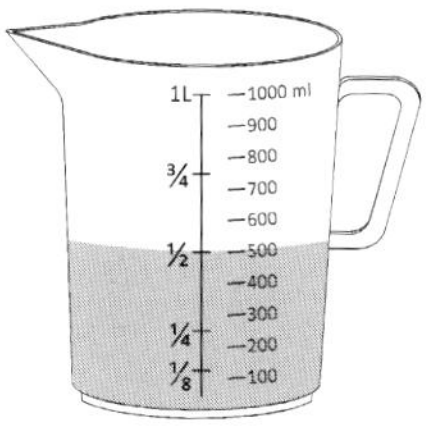	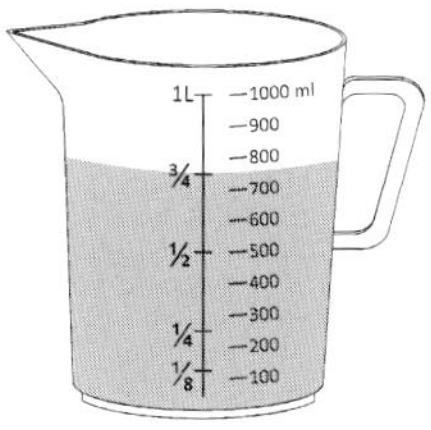	
_____ l = _____ ml = _____ ccm	_____ l = _____ ml = _____ ccm	_____ l = _____ ml = _____ ccm	_____ l = _____ ml = _____ ccm	_____ l = _____ ml = _____ ccm

2. Regeln zum Messen und Wiegen

- ____
  ____

- ____
  ____

- ____
  ____

- ____
  ____

Lösung, S. 84

Ernährungspyramide

Übersicht:

- **Station „Mein persönlicher Tagesplan: Frühstück + Pause"**
  Medien: Ernährungspyramide, Bilder mit Lebensmittelportionen, Arbeitsblatt (S. 36)
- **Station „Mein persönlicher Tagesplan: Mittagessen"**
  Medien: Ernährungspyramide, Bilder mit Lebensmittelportionen, Rezeptblatt (S. 37)
- **Station „Mein persönlicher Tagesplan: Abendessen"**
  Medien: Ernährungspyramide, Bilder mit Lebensmittelportionen, Arbeitsblatt (S. 36)
- **Station „Lebensmittelgruppen in der Ernährungspyramide"**
  Medien: Arbeitsblatt (S. 36), Wortkarten und Zahlenkarten
- **Station „Essen nach den Ampelfarben"**
  Medien: Arbeitsblatt (S. 36), Buntstifte (rot, gelb, grün)
- **Station „Ernährungspuzzle"**
  Medien: Legefeld, Puzzle-Dreieck, Kontrolldreieck

Kompetenzen:

- Die Ernährungspyramide kennen und zur Menüplanung nutzen.
- Grundwissen über Lebensmittelgruppen erwerben und bei der individuellen Tagesplanung berücksichtigen.
- Ernährungsprobleme kennen und das eigene Ernährungsverhalten kritisch hinterfragen.

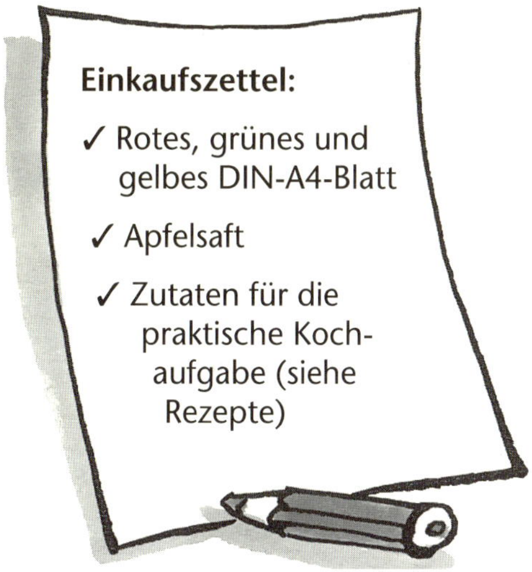

Organisatorische Hinweise:

Jeder Schüler benötigt eine eigene Lege-Ernährungspyramide + einen eigenen Satz Bildsteine für seine persönliche Tagesplanung.

Herstellung:

- Lege-Ernährungspyramide um 200 % vergrößern und auf DIN A3 kopieren.
- Bildsteine um 145 % vergrößern und auf farbiges Tonpapier je nach Ampelfarbe kopieren.
- Lege-Ernährungspyramide + Bildkarten laminieren und schneiden.
- Jedes Bildkarten-Set in einer Schachtel oder Umschlag aufbewahren, damit keine Teile verloren gehen.

Ernährungspyramide und Bildsteine mit Lebensmittelportionen

Unterrichtspraktischer Tipp: Folgende Bilder vergrößern und auf grünes Tonpapier kopieren.

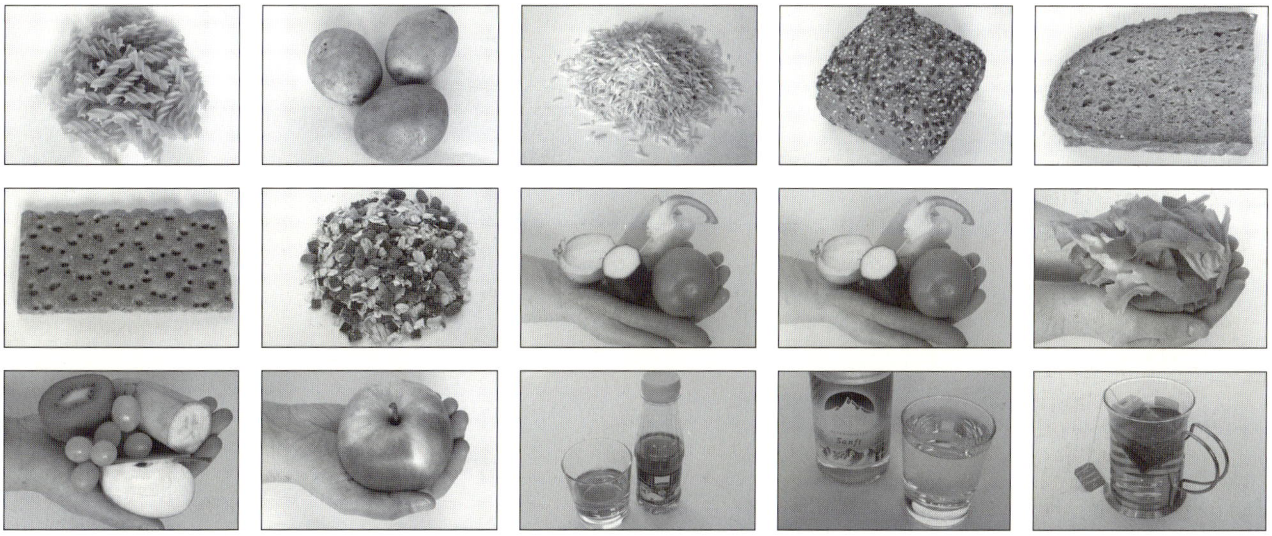

Unterrichtspraktischer Tipp: Folgende Bilder vergrößern und auf gelbes Tonpapier kopieren.

Unterrichtspraktischer Tipp: Folgende Bilder vergrößern und auf rotes Tonpapier kopieren.

Mein persönlicher Tagesplan

Süßes

Fette | Fette

Milch, Milchprodukte | Milch, Milchprodukte | Milch, Milchprodukte | Fleisch, Fisch, Ei, Wurst

Obst | Gemüse | Gemüse | Gemüse

Getreideprodukte, Kartoffeln | Getreideprodukte, Kartoffeln | Getreideprodukte, Kartoffeln | Getreideprodukte, Kartoffeln | Getreideprodukte, Kartoffeln

Getränke | Getränke | Getränke | Getränke | Getränke | Obstsaft

Station

Mein persönlicher Tagesplan: Frühstück + Pause

Überprüfe dein Ernährungsverhalten!

Aufgaben:

1. **Suche** aus den Bildkarten dein Frühstück und deine Pause heraus.
2. **Lege** die Bilder auf deiner Ernährungspyramide auf.
3. **Ergänze** dein Frühstück auf dem Arbeitsblatt (Nummer 3).
4. **Bewerte** dein heutiges Frühstück:
   - Sind manche Lebensmittelgruppen überbelegt (z. B. Süßes)?
   - Hast du etwas getrunken? Das ist das Wichtigste am Morgen!

Station

Mein persönlicher Tagesplan: Mittagessen

Welche Portionen decken unsere heutige Kochaufgabe ab?

Aufgaben:

1. **Suche** aus den Bildkarten die Portionen heraus, die durch unsere Kochaufgabe „Nudeln mit Hackfleisch-Gemüsesoße“ abgedeckt werden.
2. **Lege** die Bilder auf deiner Ernährungspyramide auf.
3. **Kreuze** auf dem Rezeptblatt die abgedeckten Portionen in der Ernährungspyramide an.

Station

Mein persönlicher Tagesplan: Abendessen

Ergänze die fehlenden Portionen auf deiner Ernährungspyramide!

Tipp: Bevor du diese Station löst, musst du die Stationen „Frühstück + Pause“ und „Mittagessen“ bearbeitet haben.

Aufgaben:

1. **Zähle** die Portionen in deiner Pyramide, die noch offen sind.
2. **Plane** ein Abendessen, das dein Frühstück + Mittagessen optimal ergänzt und die leeren Felder füllt.
3. **Lege** die Bilder auf deiner Ernährungspyramide auf.
4. **Ergänze** auf dem Arbeitsblatt deinen persönlichen Tagesplan (Nummer 3).

Station

Lebensmittelgruppen in der Ernährungspyramide

Jeder Baustein entspricht einer Portion pro Tag!

Aufgaben:

1. **Trage** auf dem Arbeitsblatt die Lebensmittelgruppen neben der Ernährungspyramide ein (Nummer 1).
2. **Ordne** die Wortkarten (Lebensmittelgruppen) den Zahlenkarten (Anzahl an Portionen) zu.
   Achtung! Obst findest du in zwei Lebensmittelgruppen.

Wort- und Zahlenkarten: evtl. vergrößert kopieren, laminieren, schneiden

Getränke	Getränkeprodukte, Reis, Kartoffeln	Obst	Süßes
Milch, Milchprodukte	Fisch, Fleisch, Wurst, Ei	Fette	Gemüse

1×	2×	1×	3×	6×	5×	2×	3×

Station

Essen nach den Ampelfarben

Rot bedeutet, dass man auf die Bremse treten muss!

Aufgaben:

1. **Trage** auf dem Arbeitsblatt die Lebensmittelgruppen bei der richtigen Ampelfarbe ein (Nummer 2).
2. **Bemale** die Ampel und die einzelnen Bausteine der Pyramide in den richtigen Farben (Nummer 1 und 2).
3. **Unterstreiche** die Zutaten auf dem Rezeptblatt in der jeweiligen Ampelfarbe.

Ernährungspyramide

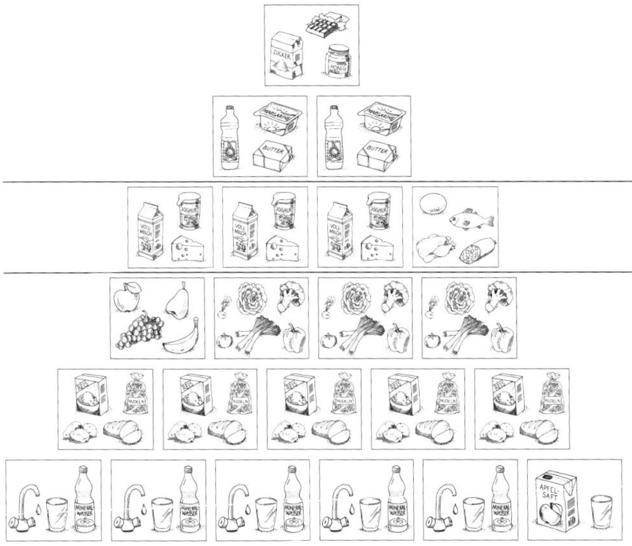

Ernährungsampel

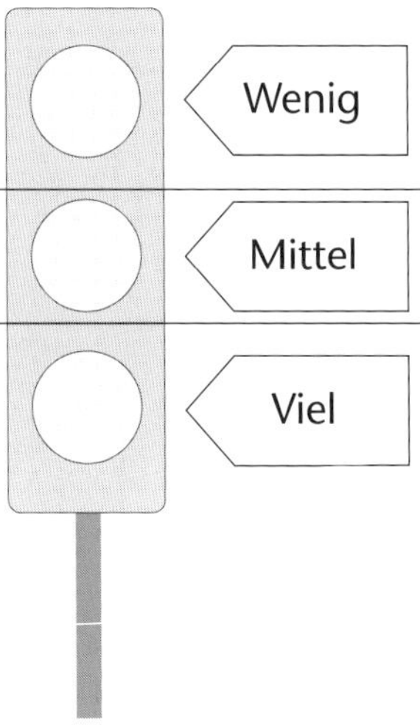

Ernährungspuzzle

Die Ernährungspyramide hilft dir dabei!

Aufgaben:

1. **Lege** das Ernährungspuzzle.
2. **Kontrolliere** mithilfe des Kontrolldreiecks.

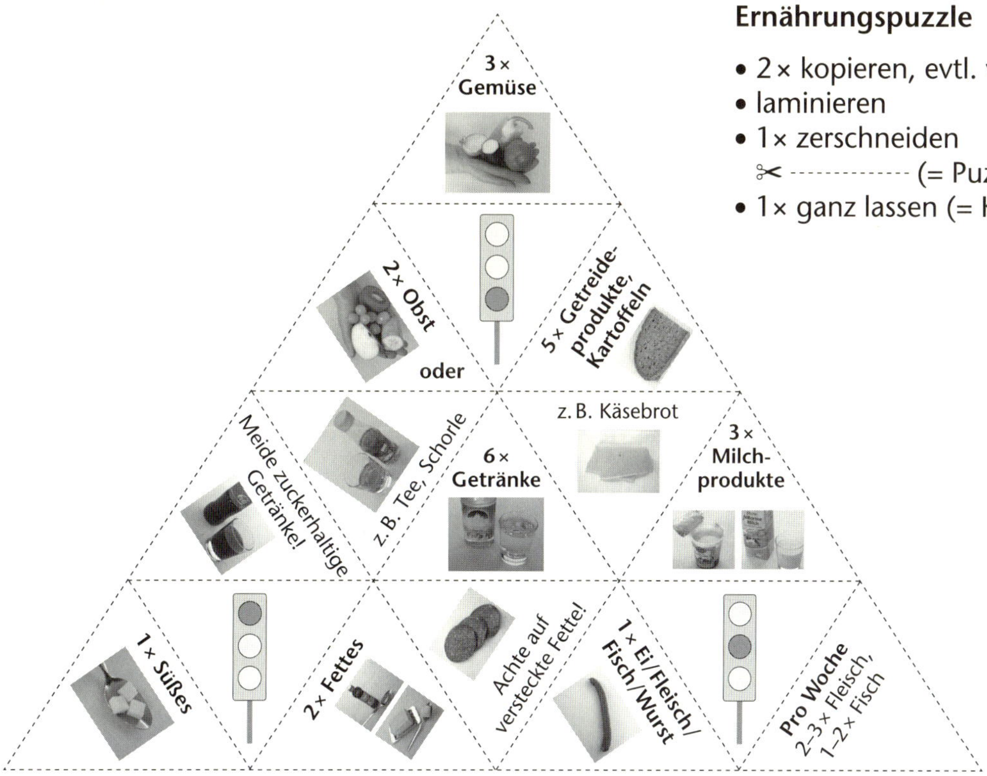

Ernährungspuzzle

- 2 × kopieren, evtl. vergrößern
- laminieren
- 1 × zerschneiden
  ✂ ------------- (= Puzzle)
- 1 × ganz lassen (= Kontrolle)

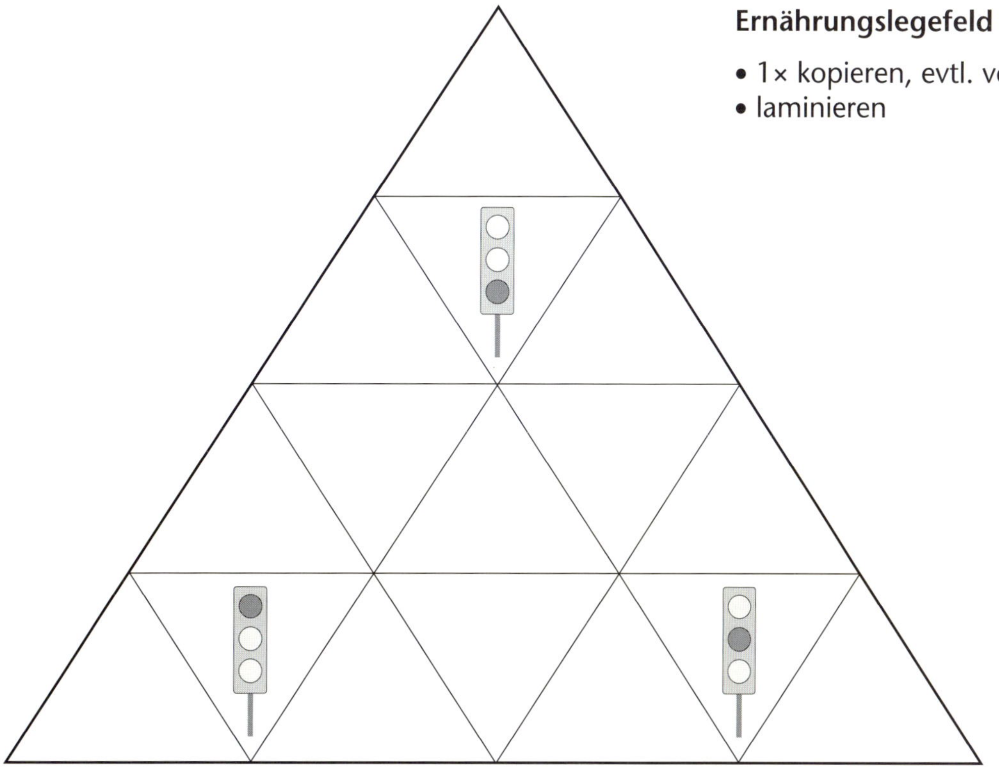

Ernährungslegefeld

- 1 × kopieren, evtl. vergrößert
- laminieren

Arbeitsblatt

Name: ____________

Die Ernährungspyramide

1. Lebensmittelgruppen in der Ernährungspyramide!

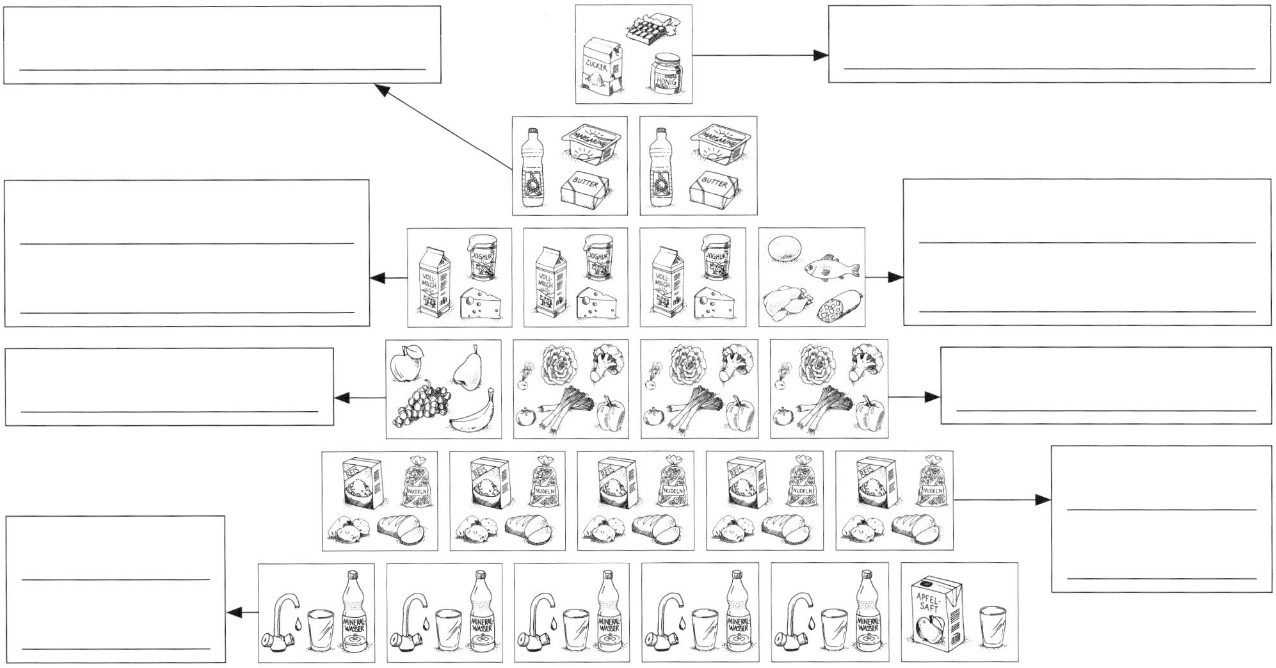

2. Tagesplanung mithilfe der Ernährungsampel

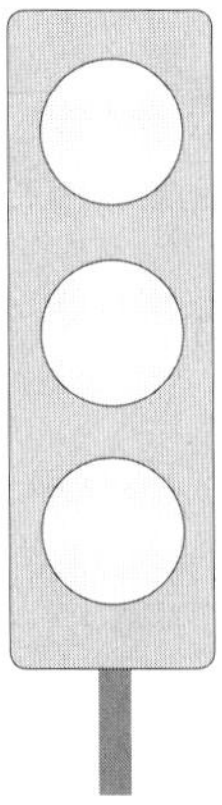

Wenig: ____________

Mittel: ____________

____

Viel: ____________

____

3. Meine heutige Tagesplanung

Frühstück + Pause: ____________

____

Mittagessen: Nudeln mit Hackfleisch-Gemüsesoße, Salat, Apfelschorle

Abendessen: ____________

____

Lösung, S. 84

Rezeptblatt

Tagesplanung

mit Hilfe der Ernährungspyramide

Name: ____________________

NUDELN MIT HACKFLEISCH-GEMÜSE-SOSSE

Menge	Zutaten	Zubereitung
250 g reichlich	Vollkornnudeln Salzwasser	1. Koche die Nudeln „al dente" (= bissfest). **Garzeit:** 10 Min.
1 EL 250 g	Öl Hackfleisch	2. Erhitze das Öl. 3. Brate das Hackfleisch an.
1 1 1 1	Zwiebel Knoblauchzehe Karotte Paprika	4. Schneide das Gemüse in feine Würfel. 5. Gib es zum Hackfleisch und brate es kurz an.
1 Dose	Geschälte Tomaten	6. Tomaten etwas zerkleinern und zugeben. **Garzeit:** 5 Min.
1 TL 1 Pr. 1 TL	Gekörnte Brühe Salz, Pfeffer, Oregano	7. Soße würzen und abschmecken.
100 g	geriebener Käse	8. Am Tisch kann man geriebenen Käse nach Belieben über die Nudeln geben.

GEMISCHTER SALAT

Menge	Zutaten	Zubereitung
½ Kopf ½ 1–2	Blattsalat Zwiebel Gemüse nach Wahl, z. B. Karotte, Tomate, Gurke	1. Blattsalat waschen, putzen, abtropfen lassen. 2. Zwiebel in feine Würfel schneiden. 3. Gemüse schneiden
	<u>Marinade:</u>	
2 EL	Essig	4. Kräuter fein wiegen.
2 EL 1 Pr.	Öl Salz, Pfeffer	5. Alle Zutaten zu einer Marinade verrühren.
½ TL 1 EL	Senf Kräuter	6. Salat kurz vor dem Servieren marinieren.

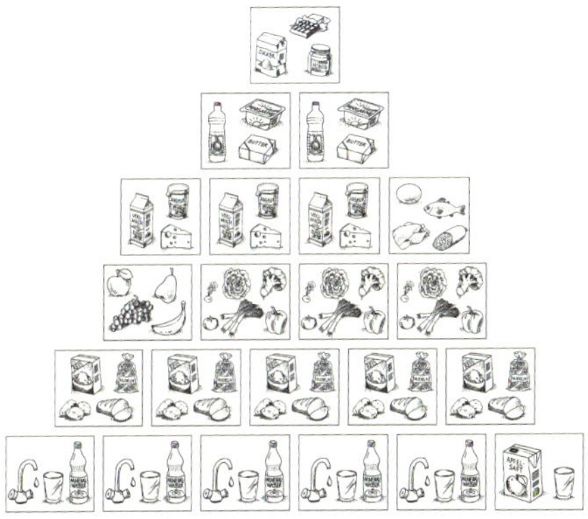

Kreuze die Bausteine in der Ernährungspyramide an, die durch dieses Essen abgedeckt sind.

Bedenke, dass die Menge im Rezept jeweils für 3–4 Personen angegeben ist.

Unterstreiche die Zutaten in der richtigen Ampelfarbe, also z. B. Öl mit roter Farbe!

Getränke

Übersicht:

- **Station „Erhöhter Flüssigkeitsbedarf"**
  Medien: Arbeitsblatt (S. 45)
- **Station „Saft ist nicht gleich Saft!"**
  Medien: Abb. „Aufbau der Station", Aufkleber, Tesafilm, vier Gläser, Strohhalme, Bildkarten Fruchtgehalt, aufgeführte Getränke, Arbeitsblatt (S. 45)
- **Station „Getränkemixstation"**
  Medien: Mineralwasser, verschiedene Säfte, Messbecher, Strohhalme, Zutaten zum Verzieren, Gläser
- **Station „Die richtige Getränkeauswahl"**
  Medien: Abb. der Getränke und Zutatenlisten, Arbeitsblatt (S. 45)
- **Station „Zuckergehalt in Getränken"**
  Medien: Abb. der Getränke, Abb. der Zuckerstückmengen, Kontrollkarte
- **Station „Wie viel sollst du am Tag trinken?"**
  Medien: 6 Gläser, Karaffe mit Wasser, Karaffe mit Saft, Kontrollkarte
- **Station „Kälteschock bei eiskalten Getränken"**
  Medien: Eiswürfel, Stoppuhr, evtl. Folienstift
- **Station: „Wellnessgetränke"**
  Medien: Computer
- **Station: „Wellnessgetränke"**
  Medien: evtl. Wellnessgetränke
- **Station: „Buchstabenrätsel"**
  Medien: Rätsel, Kontrollkarte

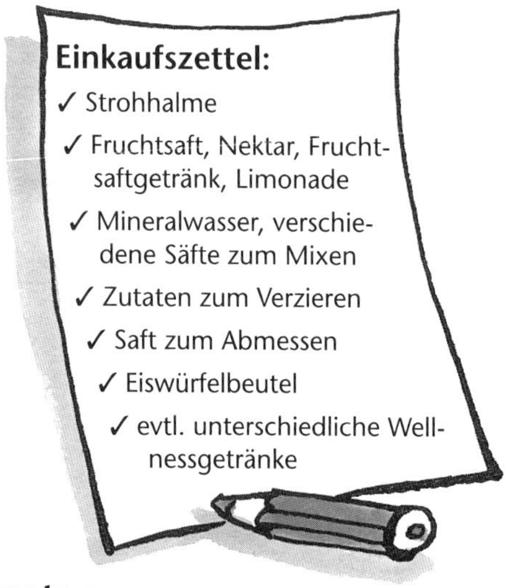

Kompetenzen:

- Den täglichen Flüssigkeitsbedarf kennen und hierbei die geeigneten Getränke auswählen und bevorzugen.
- Angebotene Getränke kritisch unter ernährungsphysiologischen Gesichtspunkten betrachten und auswählen.

Organisatorische Hinweise:

- Falls kein Computer mit Internetzugang zur Verfügung steht, kann die Station „Wellnessgetränke" mit dem entsprechenden Informationstext eingesetzt werden.
- Die Reihenfolge der Stationen ist nicht festgelegt, dennoch empfiehlt es sich, die Getränkemixstation als letzte Station anzubieten, damit die Schüler ihr Wissen in die Praxis umsetzen können.

Station

Erhöhter Flüssigkeitsbedarf

Zu viel ist besser als zu wenig!

Aufgaben:

1. **Lies** den Text durch.
2. **Kreuze** auf deinem Arbeitsblatt die Situationen an, in denen du besonders viel trinken musst. Die Abbildungen helfen dir dabei (Nummer 1).

Erhöhter Flüssigkeitsbedarf

Wusstest du, dass du ohne Wasser nur 3–4 Tage überleben kannst?
Dein Körper gibt jeden Tag fast 2 Liter Flüssigkeit ab. In bestimmten Situationen, wie zum Beispiel beim Sport, bei Fieber, … verliert dein Körper noch mehr Flüssigkeit, deshalb musst du dann besonders viel trinken.

Station

Saft ist nicht gleich Saft!

Je höher der Fruchtgehalt, desto besser!

Aufgaben:

1. **Probiere** die unterschiedlichen Obstgetränke mit einem Strohhalm.
2. **Beschreibe** die Unterschiede,
   z. B. süß, sauer, wässrig, voller Geschmack, chemischer Geschmack, …
3. **Ordne** die Bildkarten mit dem Fruchtgehalt in Prozent zu.
4. **Kontrolliere** auf der Unterseite der Gläser, ob du richtig geschmeckt und geraten hast.
5. **Ergänze** das Arbeitsblatt (Nummer 2).

Aufbau der Station „Saft ist nicht gleich Saft!“

1. Aufkleber auf Glasunterseite kleben

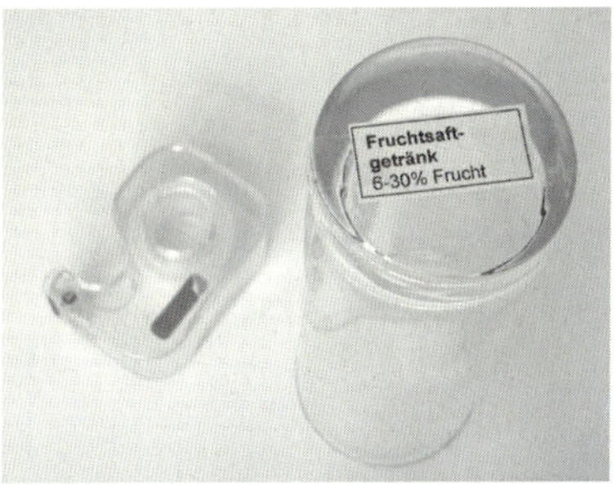

2. Getränke in die jeweiligen Gläser eingießen

3. Station aufbauen

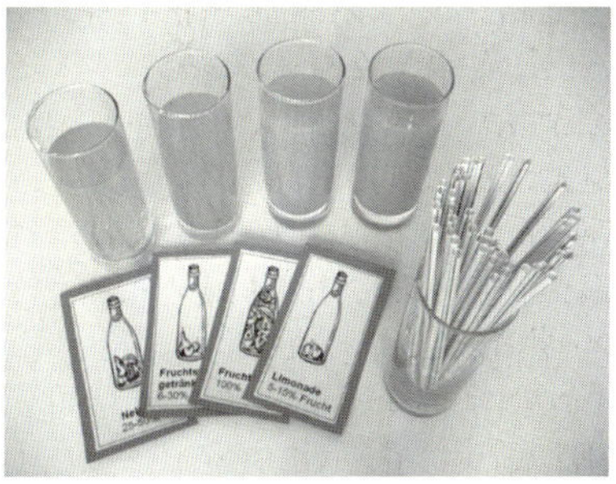

Bildkarten: evtl. vergrößern, laminieren, ausschneiden

Fruchtsaft
100 % Frucht

Nektar
25–50 % Frucht

Fruchtsaft-getränk
6–30 % Frucht

Limonade
5–15 % Frucht

Aufkleber für Gläser

Fruchtsaft
100 % Frucht

Nektar
25–50 % Frucht

Fruchtsaft-getränk
6–30 % Frucht

Limonade
5–15 % Frucht

Station

Getränkemixstation

Auf die Mischung kommt es an!

Aufgaben:

1. **Mixe** dir aus den Getränken einen gesunden Durstlöscher.

   ⇨ 100 ml Mineralwasser und 100 ml Saft

2. **Verziere** dein Mixgetränk!

Station

Die richtige Getränkeauswahl

Top oder Flop?

Aufgaben:

1. **Lies** den Text durch.
2. **Betrachte** die Zutatenliste der Getränke und bewerte die gesunden und ungesunden Durstlöscher mit Top ☺ oder Flop ☹.
3. **Ergänze** dein Arbeitsblatt (Nummer 3).

Die richtige Getränkeauswahl

Es werden sehr viele verschiedene Getränke angeboten und ständig kommt ein neuer Durstlöscher auf den Markt. Clevere Käufer achten dabei stets auf die Zutatenliste, bevor sie das Getränk kaufen. Die Zutatenliste informiert den Verbraucher über die Zusammensetzung des Produktes. Die Aufzählung wird angeführt von der Zutat mit dem größten Gewichtsanteil.

 **Zutaten Cola:** Wasser, Zucker, Kohlensäure, Farbstoff E 150 d, Säuerungsmittel Phosphorsäure, natürliches Aroma, Koffein	 **Zutaten Eistee:** Mineralwasser, Glukose-Fructose-Sirup, Zucker, Apfelsaft, Fructose, weißer Traubensaft, Citronensäure, Limettensaft, Rooibostee-Extrakt, Ascorbinsäure, Maracujasaft, Süßstoffe Natriumcyclamat, Saccharin-Natrium, Acesulfam-K, natürliche Aromen	 **Zutaten Wasser:** Wasser
 **Zutaten Tee:** Wasser, Frucht- oder Kräuterzusätze	 **Zutaten Apfelschorle:** Apfelsaft (50 %), Wasser, Kohlensäure, Konservierungsstoff E 202	 **Zutaten Energiedrink:** Wasser, Zucker, Glukose, Kohlensäure, Citronensäure, Natriumcitrat, Taurin, Glucuronolacton, Koffein, Farbstoffe, Inosit, Vitaminmischung, Guarana-Extrakt, Ginseng-Extrakt

Station

Zuckergehalt in Getränken

Achtung Zuckerfalle!

Aufgaben:

1. **Lies** den Text durch.
2. **Schätze,** wie viele Zuckerstücke in den Getränken enthalten sind, und ordne die Bilder der Zuckerwürfel den Bildern der Getränke zu.
3. **Kontrolliere** deine Vermutungen mit der Kontrollkarte.

Zuckergehalt in Getränken

In vielen Getränken versteckt sich sehr viel Zucker.
Deshalb ist Vorsicht geboten, denn Zucker macht nicht nur die Zähne kaputt, sondern auch noch dick.

Bilder der Getränke und Zuckerstücke: evtl. vergrößert kopieren, laminieren und schneiden

Cola, Limonade

Obstsaft

Obstschorle

Energiedrink

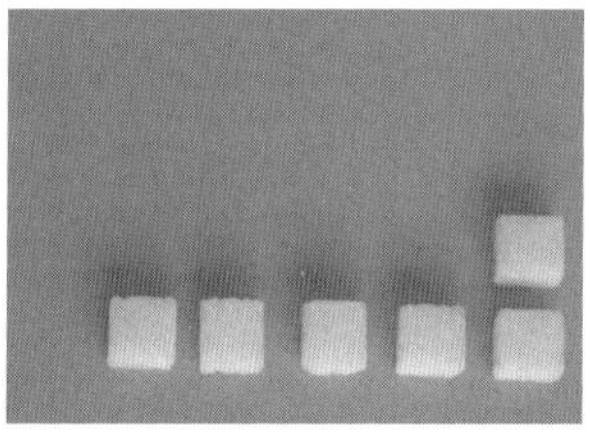

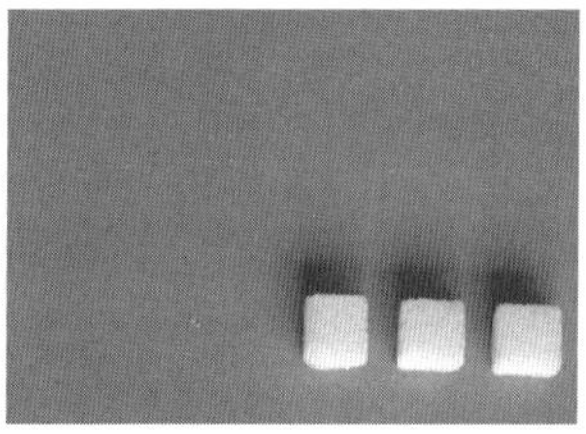

Kontrollkarte „Zuckergehalt in Getränken"

Energiedrink

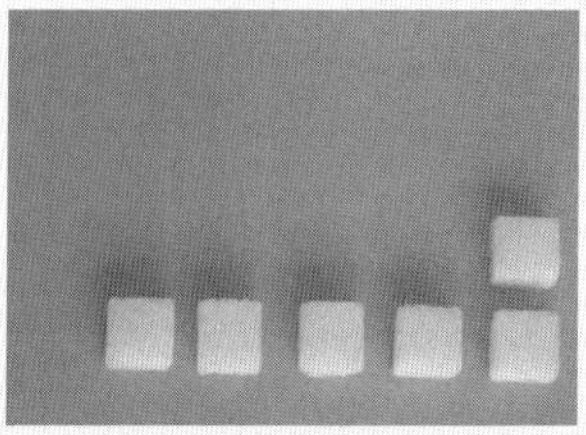

Obstsaft

Cola, Limonade

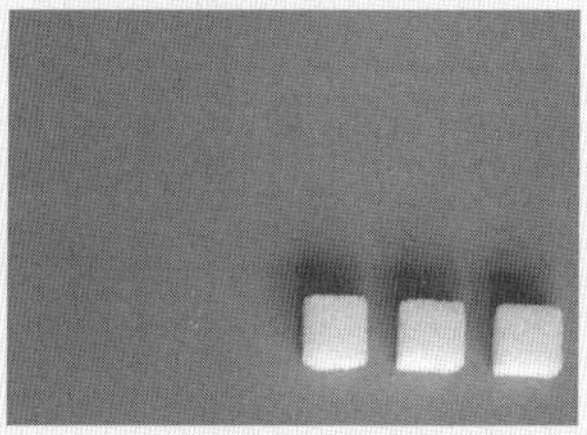

Obstschorle

Getränke

Station

Wie viel sollst du am Tag trinken?

Die Ernährungspyramide hilft dir dabei!

Aufgaben:

1. **Zähle** an der Ernährungspyramide, wie viele Bausteine es mit Getränken gibt.
2. **Fülle** die entsprechende Anzahl Gläser mit Wasser.
3. **Fülle** die entsprechende Anzahl Gläser mit Saft.
4. **Rechne** aus, wie viel Liter das am Tag sind.
   Ein Glas enthält 0,2 l.
5. **Kontrolliere** mithilfe der Kontrollkarte!
6. **Gieße** die Gläser wieder in die jeweiligen Karaffen zurück.
7. **Ergänze** dein Arbeitsblatt (Nummer 4).

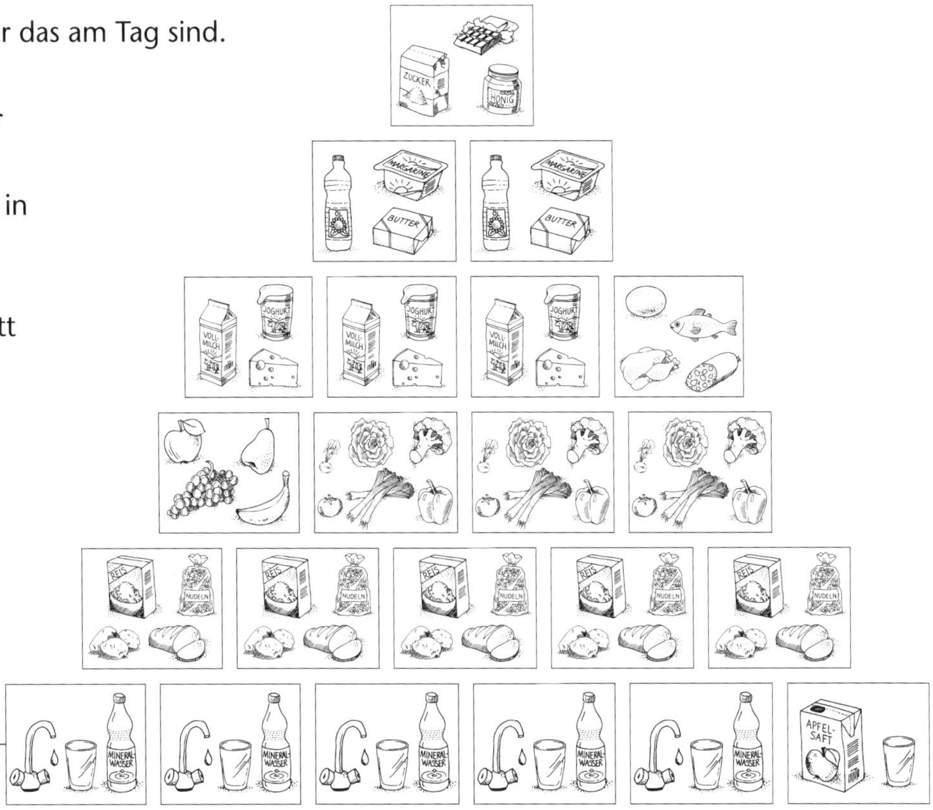

Kontrollkarte „Wie viel sollst du am Tag trinken?"

5 x Wasser + 1x Saft
= 1,2 l Flüssigkeit

Station

Kälteschock bei eiskalten Getränken

Darf es noch ein bisschen kälter sein?

Aufgaben:

1. **Lege** einen Eiswürfel in deine Handfläche und schließe deine Hand.
2. **Warte** ca. 15 Sekunden ab.
3. **Trage** dein Kälteempfinden mit einem Strich ein.

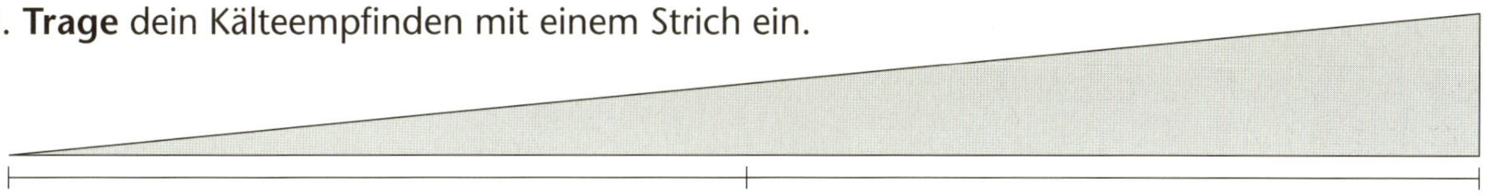

kalt   sehr kalt   schrecklich kalt

Station

Wellnessgetränke

Tipp: „Wellness“ heißt übersetzt Gesundheit

Aufgaben:

1. **Suche** im Internet nach Wellnessgetränken.
2. **Informiere** dich über die Inhaltsstoffe und Geschmacksrichtungen.
3. **Bewerte** diese Getränke.
4. **Berichte** anschließend über deine neuen Erkenntnisse.

Station

Wellnessgetränke

… die neuen „In“-Getränke?!

Aufgaben:

1. **Lies** den Text durch.
2. **Überlege,** welche Wellnessgetränke du kennst.
3. **Betrachte** die Zutatenliste der Wellnessgetränke und bewerte diese.
4. **Kläre** deine Mitschüler anschließend über Wellnessgetränke auf.

Wellnessgetränke („Wellness“ heißt übersetzt *Gesundheit*)

Unter „Wellnessgetränke“ werden Erfrischungsgetränke zusammengefasst, die aus Tee (Grüner Tee, Kambucha, …), Kräutern oder Früchten (Holunder, Aloe Vera, …) gewonnen werden.

Wellnessgetränke werden aufgrund ihrer Inhaltsstoffe vom Hersteller mit ihrer heilsamen Wirkung beworben. Eine Wirkung von Wellnessgetränken konnte jedoch bisher bei noch keinem Produkt nachgewiesen werden.
So gibt es viele Wellnessgetränke, die zu viel Zucker und Kalorien oder andere künstliche Zusatzstoffe beinhalten.

Getränke

Station

Buchstabenrätsel

Augen auf!

Aufgaben:

1. **Suche** im Buchstabensalat 3 geeignete Durstlöscher.
2. **Suche** 4 Situationen, in denen du besonders viel trinken musst.
3. **Kontrolliere** mithilfe der Kontrollkarte!

A	P	F	E	L	S	C	H	O	R	L	E	D	J	S
U	I	R	E	C	F	G	O	P	N	V	X	A	P	C
R	T	W	A	S	S	E	R	D	F	R	N	M	L	H
T	F	T	A	C	R	T	A	K	I	L	E	I	E	W
F	R	E	S	H	O	A	S	L	E	A	F	U	R	E
V	U	U	E	A	R	S	E	O	B	S	C	H	D	R
U	E	T	R	R	T	F	I	E	B	E	R	T	T	E
I	C	Z	T	F	C	V	T	G	R	B	N	O	F	A
O	H	T	G	E	S	C	G	V	F	K	K	L	B	R
F	T	L	H	S	A	B	H	F	T	L	O	S	G	B
A	E	S	O	E	C	G	U	D	G	T	P	A	Z	E
S	T	O	P	S	V	H	I	T	Z	E	L	C	U	I
E	E	H	L	S	B	L	I	S	H	D	Z	F	J	T
Z	E	G	M	E	N	Ö	K	C	I	E	R	R	M	S
O	D	S	B	N	J	G	O	V	V	I	C	T	I	R
K	E	E	V	A	U	F	L	S	P	O	R	T	K	O
J	R	R	X	R	I	H	P	B	E	A	E	Z	S	L
L	U	T	S	E	O	N	X	H	B	S	V	H	D	M
S	C	H	A	R	F	E	S	E	S	S	E	N	E	D
V	E	O	R	U	S	J	C	R	U	T	H	B	R	E
B	L	L	Z	I	R	S	F	E	J	R	Z	M	F	S

Kontrollkarte: Buchstabenrätsel

Durstlöscher: Apfelschorle, Wasser, Früchtetee

Situationen, die den Flüssigkeitsbedarf erhöhen: Fieber, Hitze, Sport, scharfes Essen

Arbeitsblatt

Name: ______________________

Getränke

1. Erhöhter Flüssigkeitsbedarf

- ☐ Hitze
- ☐ wenig Schlaf
- ☐ TV gucken
- ☐ scharfes Essen
- ☐ körperlich harte Arbeit
- ☐ Computer spielen
- ☐ Sport
- ☐ Fieber

2. Fruchtanteil bei Getränken

Fruchtsaft

________ % Frucht

Fruchtnektar

________ % Frucht

Fruchtsaftgetränk

________ % Frucht

Limonade

________ % Frucht

3. Die richtige Getränkeauswahl

☺	☹
• ______________________	• ______________________
• ______________________	• ______________________
• ______________________	• ______________________

4. Wie viel sollst du am Tag trinken?

Ergänze die Textbausteine:

keinem oder wenig	1,2 Liter	6	gesunde Durstlöscher

Täglich sollte ich ca. ______________ trinken, das sind mindestens

______________ Gläser am Tag.

Dabei achte ich auf ______________________________ mit

______________________ Zucker.

Getreideprodukte (Brot, Reis, Nudeln) und Kartoffeln

Übersicht:

- **Station „Kartoffeln unter der Lupe“**
  Medien: Bildsteine
- **Station „Ernährungsprotokoll“**
  Medien: Arbeitsblatt (S. 50)
- **Station „Getreidearten u. ihre Verwendung“**
  Medien: Arbeitsblatt (S. 50), Bildsteine
- **Station „Getreideprodukte unter der Lupe“**
  Medien: Arbeitsblatt (S. 50), weißes Mehl, Vollkornmehl, 2 Siebe, 2 Schüsseln, 2 EL, Text
- **Station „Ballaststoffe sind kein wertloser Ballast!“**
  Medien: Arbeitsblatt (S. 50), Rezeptblatt (S. 51), Bildsteine

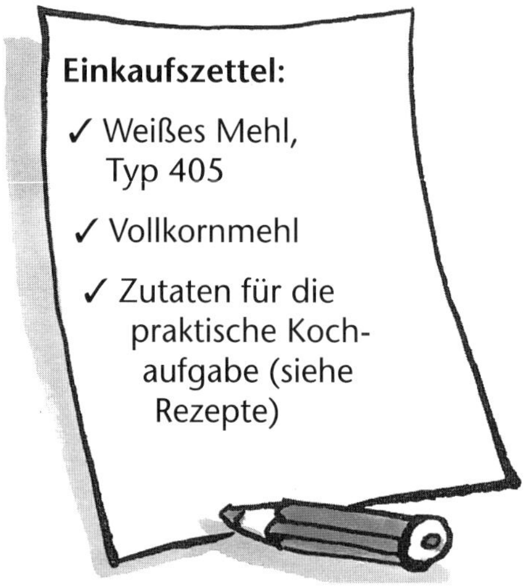

Kompetenzen:

- Grundwissen über die Lebensmittelgruppe Getreideprodukte und Kartoffeln erwerben und bei der individuellen Tagesplanung berücksichtigen.
- Ernährungsprobleme kennen und das eigene Ernährungsverhalten kritisch hinterfragen.

Organisatorische Hinweise:

In jeder Kochgruppe könnte ein anderer Auflauf zubereitet werden, z. B. Vollkornnudeln – weiße Nudeln, Reis – Kartoffeln, und beim Essen miteinander verglichen werden.
Die Aufgabe auf dem Rezeptblatt eignet sich zur Wiederholung und Vertiefung.

Station

Kartoffeln unter der Lupe

Die Zubereitung entscheidet über den Fettgehalt!

Kartoffeln haben wenig Kalorien. Kartoffelbeilagen können aber je nach der Zubereitung einen sehr unterschiedlichen Fett- bzw. Kaloriengehalt haben.

Aufgaben:

1. **Ordne** die Garmachungsarten-Bildkarten den Kartoffelbeilagen zu.
2. **Suche** die magerste ☺ (= niedrigster Fettgehalt) und die fetteste Kartoffelbeilage ☹.
3. **Ergänze** das Arbeitsblatt (Nummer 4).

Bildsteine „Kartoffeln unter der Lupe“: vergrößern, schneiden, laminieren

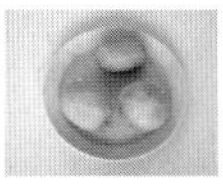 Salzkartoffel/Pellkartoffel Fettgehalt: 0 g	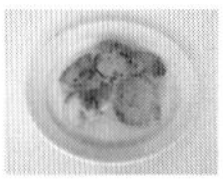 Bratkartoffel Fettgehalt: 16 g	 Pommes frites Fettgehalt: 28 g
 **Garmachungsart: Kochen/Dämpfen**	 **Garmachungsart: Braten in der Pfanne**	 **Garmachungsart: Frittieren**

Station

Ernährungsprotokoll

Getreideprodukte (Brot, Nudeln, Reis) und Kartoffeln

Aufgaben:

1. **Male** die Bausteine Getreideprodukte/Kartoffeln grün aus. Wie viele sind es? ________________
2. **Kreuze** in der Tabelle an, welche Portionen du heute gegessen hast.
3. **Bewerte** die Spalten: **Vervollständige** die Smileys ☺😐☹.
4. **Ergänze** das Arbeitsblatt (Nummer 4).

Bewertung		Bewertung	Bewertung
○  Vollkornreis	○  Pellkartoffeln	○  weißer Reis	○  Pommes frites
○ 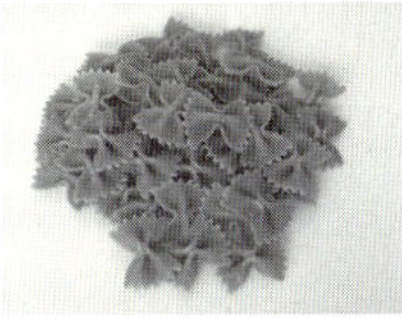 Vollkornnudeln	○ 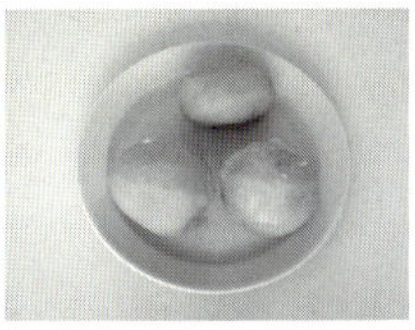 Salzkartoffeln	○ 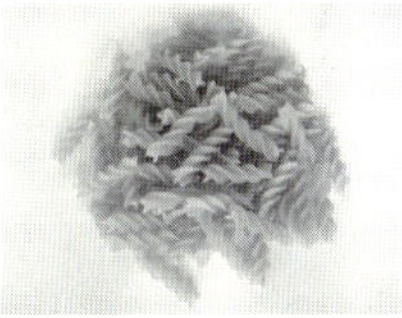 weiße Nudeln	○ 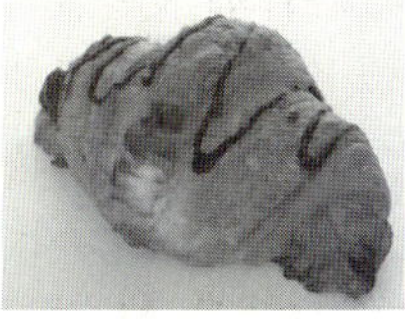 süßes Gebäck
○  Vollkornsemmel	○  Haferflocken	○ 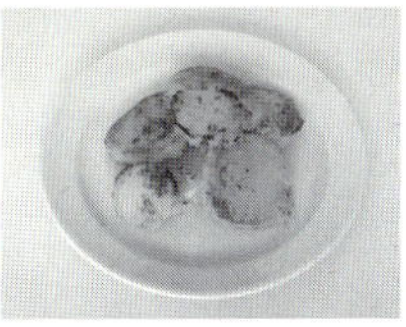 Bratkartoffeln	○  Müsliriegel
○  Mischbrot	○  Vollkornbrot	○  Schokomüsli	○  weiße Semmel
○ 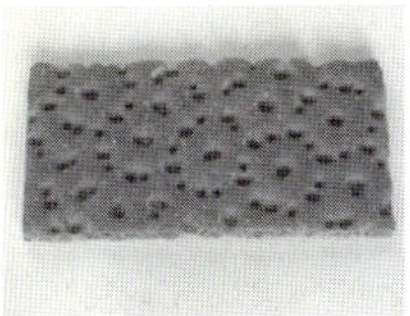 Knäckebrot	○  Pumpernickel	○  Cornflakes	○  Breze

Station

Getreidearten und ihre Verwendung

Es gibt nicht nur Weizen!

Aufgaben:

1. **Ordne** die Getreidebilder den Lebensmitteln zu.
2. **Ergänze** das Arbeitsblatt (Nummer 1).

Puzzle „Getreidearten und ihre Verwendung“: Bildkarten schneiden, laminieren

 Reis	 Weizen	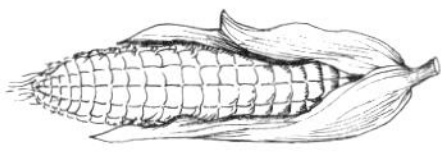 Mais	 Hafer	 Roggen
	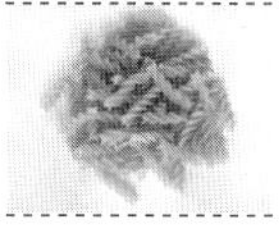	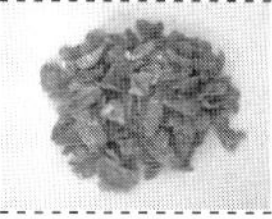	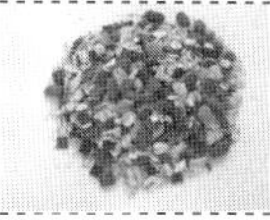	

Station

Getreideprodukte unter der Lupe

Je mehr Vollkorn, desto besser!

Aufgaben:

1. **Lies** den Text durch.
2. Öffne die Packung und **vergleiche** die Farben der beiden Mehle. Was fällt dir auf?
3. **Siebe** jeweils 1 EL weißes Mehl und 1 EL Vollkornmehl.
4. Bei welchem Mehl bleibt etwas im Sieb zurück?
   Überlege, welche Bestandteile des Kornes es sein könnten.
5. **Ergänze** das Arbeitsblatt (Nummer 2 und 3).

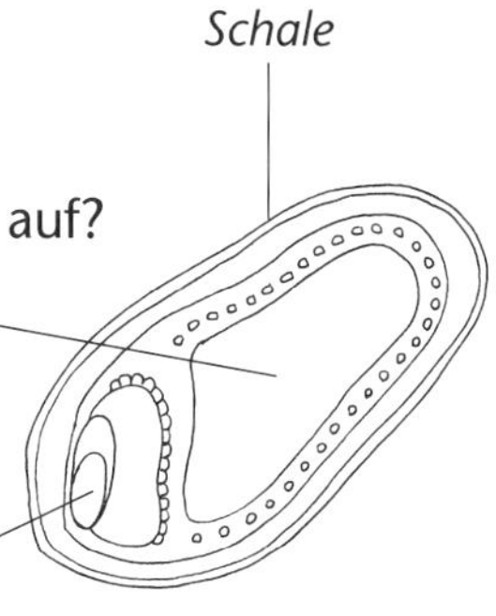

Aufbau der Station „Getreideprodukte unter der Lupe“

1. Lege folgende Gegenstände bereit:
   - Vollkornmehl
   - Weißes Mehl, Typ 405
   - 2 Schüsseln
   - 2 Siebe
   - 2 Esslöffel
2. Station aufbauen

Getreide unter der Lupe

In Vollkornprodukten wird das ganze Getreidekorn verwendet. Besonders in den äußeren Schichten des Getreidekornes sind die wertvollen Bestandteile des Kornes enthalten, z. B. Vitamine (B1, B2), Mineralstoffe (Phosphor, Kalium, Magnesium und Eisen) und Ballaststoffe, die gut für die Verdauung sind und länger satt machen.
In Produkten aus Weißmehl wird nur der Mehlkörper des Getreidekorns verwendet. Sie enthalten vorwiegend nur Stärke und sind kalorienreicher.

Station

Ballaststoffe sind kein wertloser Ballast!

So klappt es mit einer geregelten Verdauung!

Ballaststoffe sind unverdauliche Bestandteile der Nahrung. Sie sind vorwiegend in Vollkornprodukten, Hülsenfrüchten, Gemüse und Obst enthalten. Sie quellen im Magen auf und erhöhen dadurch das Sättigungsgefühl. Im Darm regen sie die Verdauung an. Darüber hinaus beugen sie vielen Krankheiten vor, z. B. Krebs, Karies, Herzerkrankungen und Diabetes.

Aufgaben:

1. **Sortiere** die Getreideprodukte nach ihrem Ballaststoffgehalt.
2. **Ergänze** das Arbeitsblatt (Nummer 3).
3. **Untersteiche** im Rezeptblatt die ballaststoffhaltigen Lebensmittel.
4. **Überlege**, ob du dich ballaststoffreich ernährst.

Bildsteine „Ballaststoffgehalt“:

- Streifen „Ballaststoffgehalt“ um 200 % vergrößern
- Bildkarten nicht vergrößern, schneiden

Ballaststoffgehalt

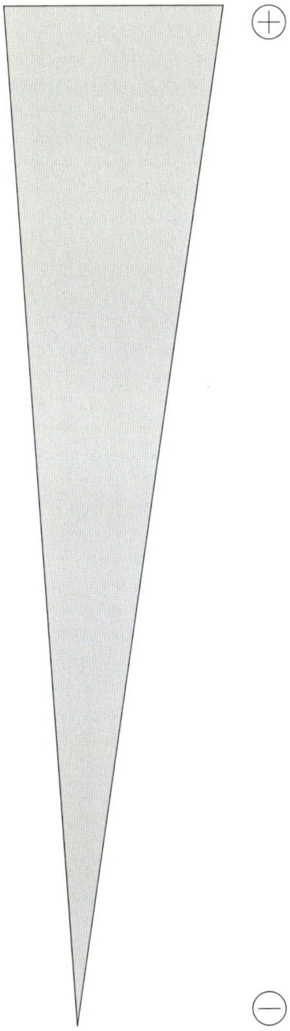

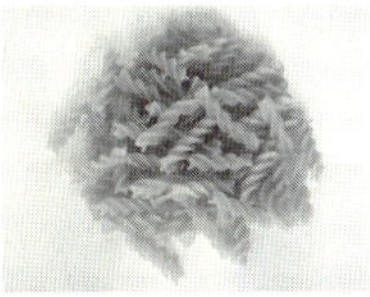 **Weiße Nudeln** Ballaststoffe: 3 g	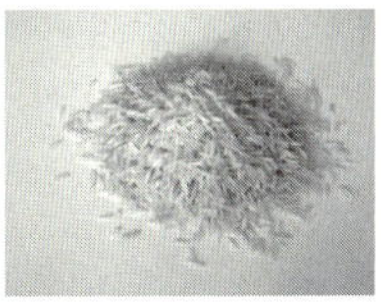 **Weißer Reis** Ballaststoffe: 2 g	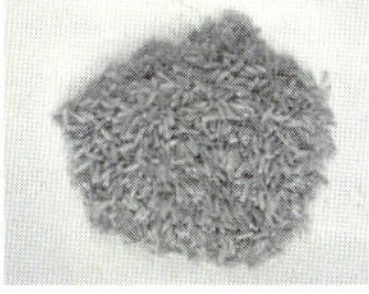 **Vollkornreis** Ballaststoffe: 4 g
 **Vollkornsemmel** Ballaststoffe: 4 g	 **Weiße Semmel** Ballaststoffe: 3 g	 **Mischbrot** Ballaststoffe: 4 g
 **Knäckebrot** Ballaststoffe: 14 g	 **Vollkornbrot** Ballaststoffe: 7 g	 **Cornflakes** Ballaststoffe: 4 g
 **Haferflocken** Ballaststoffe: 7 g	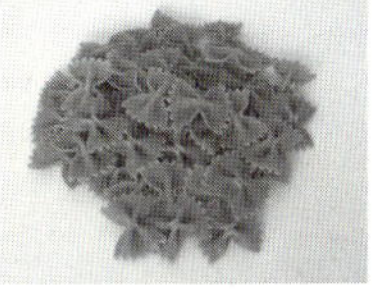 **Vollkornnudeln** Ballaststoffe: 8 g	 **Croissant** Ballaststoffe: 0 g

Arbeitsblatt

Name: ______________________

Getreideprodukte

(Brot, Nudeln, Reis) und Kartoffeln

1. Getreidearten

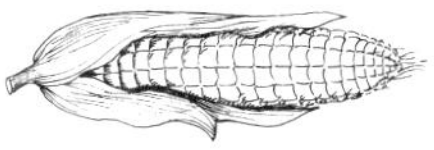

______________ ______________ ______________ ______________ ______________

2. Getreide unter der Lupe

Vollkornmehl

Es enthält das ______________ Korn.

Wertvolle Inhaltsstoffe:

____

____

____

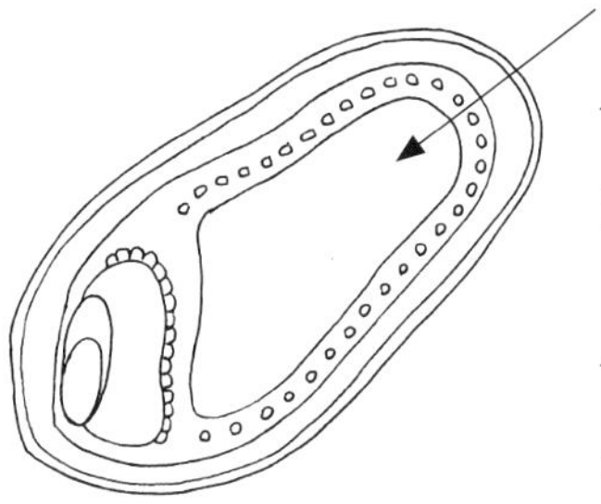

Weißes Mehl (Typ 405)

Es enthält nur den

____

Inhaltsstoff:

____

⇨ sehr ______________________

3. Ballaststoffe

Warum sind Ballaststoffe gesund? ______________________________

____

Ballaststoffreiche Lebensmittel: ______________________________

____

4. Gesunde Ernährung mit Getreideprodukten und Kartoffeln:

Garmachungsarten: ______________________________

Lebensmittel/Gericht: ______________________________

Garmachungsarten: ______________________________

Lebensmittel/Gericht: ______________________________

Garmachungsarten: ______________________________

Lebensmittel/Gericht: ______________________________

Lösung, S. 85

Name: ______________________

Getreideprodukte
(Brot, Nudeln, Reis) und Kartoffeln

KARTOFFEL-, NUDEL- ODER REISAUFLAUF MIT GEMÜSE

Menge	Zutaten	Zubereitung
250 g 1 Tasse 4–6	Vollkornnudeln oder Vollkornreis oder Kartoffeln Salzwasser	1. Koche Nudeln (10 Min.), Reis (30 Min.) oder Kartoffeln (30–40 Min.).
50 g 1 500 g 1 EL 1 EL	Putenbrust Zwiebel Gemüse nach Jahreszeit, z. B. Karotten, Lauch, Champignon usw. Öl Salz, Pfeffer Öl	2. Putenbrust in feine Würfel schneiden. 3. Zwiebel in feine Würfel schneiden. 4. Gemüse nach Belieben schneiden, z. B. Scheiben, Würfel. 5. Öl erhitzen, Gemüse kurz andünsten. **Garzeit:** 5 Min 6. Gemüse würzen. 7. Auflaufform mit Öl einpinseln.
 1 B. 3 100 g	<u>Guss:</u> Sahne Eier Salz, Pfeffer, Muskat, Paprika, Kräuter usw. geriebener Käse	 8. Guss verquirlen und würzen. 9. Nudeln, Reis oder geschälte, in Scheiben geschnittene Kartoffeln in die Auflaufform geben. 10. Gemüse und Putenbrust darüber verteilen. 11. Guss darüber gießen, mit Käse bestreuen. 12. Im Ofen backen; **Garzeit:** 30 Min.

Kreuze die Bausteine in der Ernährungspyramide an, die durch 1 Portion abgedeckt sind.

Bedenke, dass die Menge im Rezept jeweils für 3–4 Personen angegeben ist.

Unterstreiche die ballaststoffreichen Zutaten (Getreideprodukte, Kartoffeln, Gemüse).

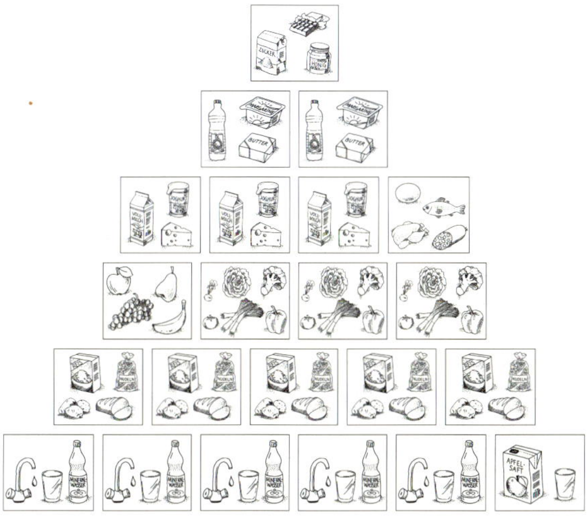

Gemüse

Übersicht:

- **Station „Gemüse hat Saison"**
  Medien: Saisonkalender für Gemüse, Arbeitsblatt (S. 60)
- **Station „Karotten-Kokos-Curry-Suppe"**
  Medien: Rezeptblatt (S. 61), Schneidearbeitsplatz
- **Station „Wie viel Gemüse sollst du am Tag essen/trinken?"**
  Medien: Ernährungspyramide, Arbeitsblatt (S. 60)
- **Station „Bei Gemüse gibt es unterschiedliche Familien"**
  Medien: Puzzles, Arbeitsblatt (S. 60)
- **Station „Bedeutung von Gemüse für den Körper"**
  Medien: Text, Arbeitsblatt (S. 60)
- **Station „Angebotsformen von Gemüse"**
  Medien: Bildkärtchen, Bildkärtchen mit Bewertung
- **Station „Gemüsesäfte"**
  Medien: Säfte, Gläser oder Probierbecher
- **Station „Nährstoffschonende Zubereitung von Gemüse"**
  Medien: Text, Rezeptblatt (S. 61)

Organisatorische Hinweise:

Als praktische Arbeitsaufgabe kann eine Karottensuppe im Stationenlauf zubereitet werden. Es empfiehlt sich, dass die Gruppen erst die Station „Karotten-Kokos-Curry-Suppe" bearbeiten. Die Suppe kocht, während die Schüler die Stationen bearbeiten.

Kompetenzen:

- Grundwissen über die Lebensmittelgruppe Gemüse erwerben und bei der individuellen Tagesplanung berücksichtigen.
- Gemüse als schmackhaftes Lebensmittel kennenlernen und in den eigenen Speiseplan einplanen.

Station

Gemüse hat Saison

Jede Jahreszeit hat ihre Favoriten!

Aufgaben:

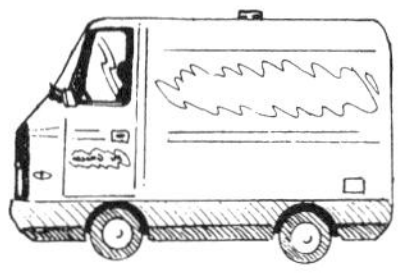

1. **Suche** im Saisonkalender für unser Gemüse im Rezept die Saison.
2. **Überlege**, welche Vorteile es hat, Gemüse je nach Jahreszeit einzukaufen! Vielleicht helfen dir die beiden Bilder dabei.
3. **Ergänze** das Arbeitsblatt (Nummer 3).

Kontrolle: Gemüse hat Saison

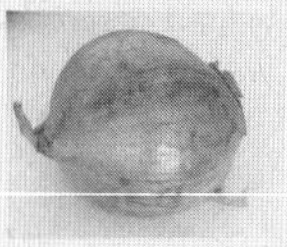

Saison von Mai bis Dez

Saison von Jan bis Dez

Station

Karotten-Kokos-Curry-Suppe

„Auf die Plätze, fertig, SUPPE!"

Aufgaben:

1. **Lese** das Rezept Karotten-Kokos-Curry-Suppe genau durch.
2. **Zerkleinere** Zwiebel und Karotten. Die Bilder helfen dir dabei.
3. **Koche** das Gemüse. (Gib Karotten, Zwiebel, Kokosmilch und Wasser in den Topf.)

Zwiebel in Halbringe schneiden

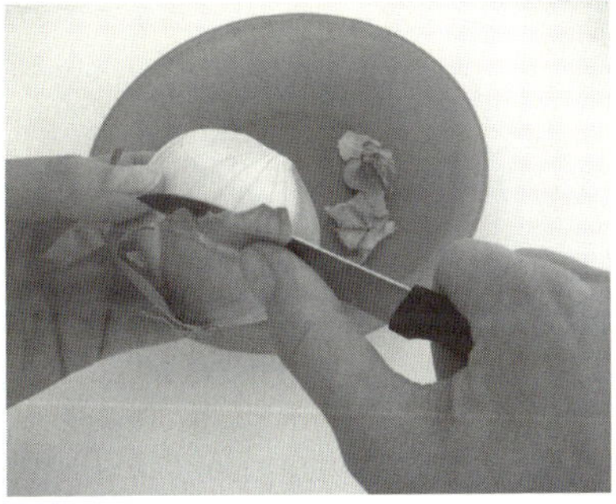

Zwiebel schälen.

Zwiebel halbieren.
⇨ Tunnelgriff verwenden!

In Halbringe schneiden.
⇨ Krallengriff verwenden!

Karotte in Scheiben schneiden

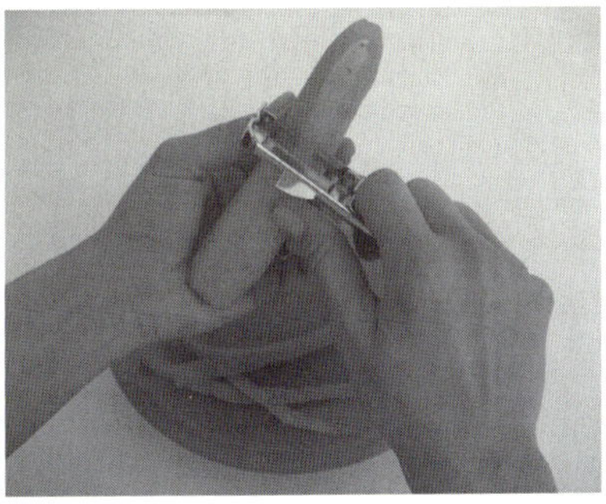

Karotte schälen.

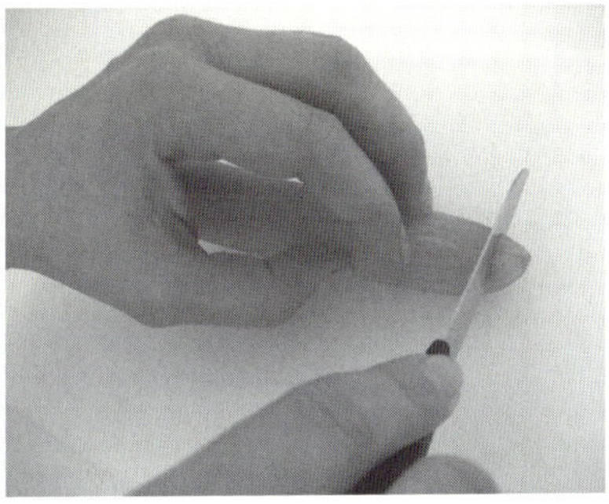

Spitze wegschneiden.

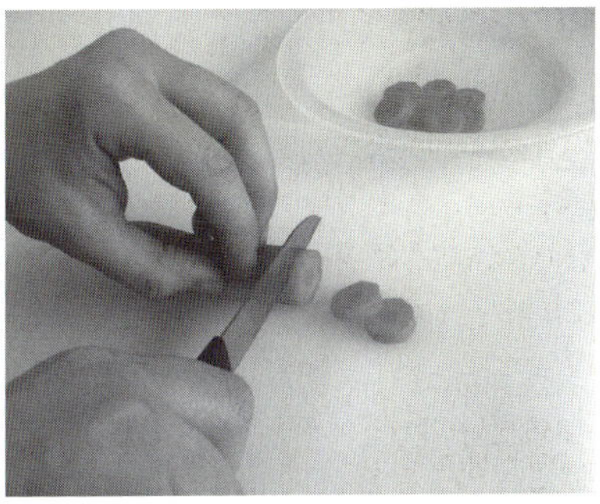

Karotte in Scheiben schneiden.

Suppe kochen

Zwiebel, Karotten, Wasser und Kokosmilch in einen Topf geben.

Suppe ankochen lassen.

Suppe zurückschalten.

Station

Wie viel Gemüse sollst du am Tag essen/trinken?

Die Ernährungspyramide hilft dir dabei!

Aufgaben:

1. **Zähle** an der Ernährungspyramide auf deinem Arbeitsblatt, wie viele Bausteine es mit Gemüse gibt.
2. **Ergänze** die Tagesmenge auf deinem Arbeitsblatt (Nummer 2).

Station

Bei Gemüse gibt es unterschiedliche Familien

Ein geschultes Auge kann manchmal helfen!

Aufgaben:

1. **Setze** die Puzzles zusammen.
2. **Ergänze** die Familiennamen auf deinem Arbeitsblatt (Nummer 4).

Gemüsepuzzles:
evtl. vergrößern, kopieren, laminieren und an den Schneidelinien in einzelne Puzzleteile zerschneiden

Fruchtgemüse

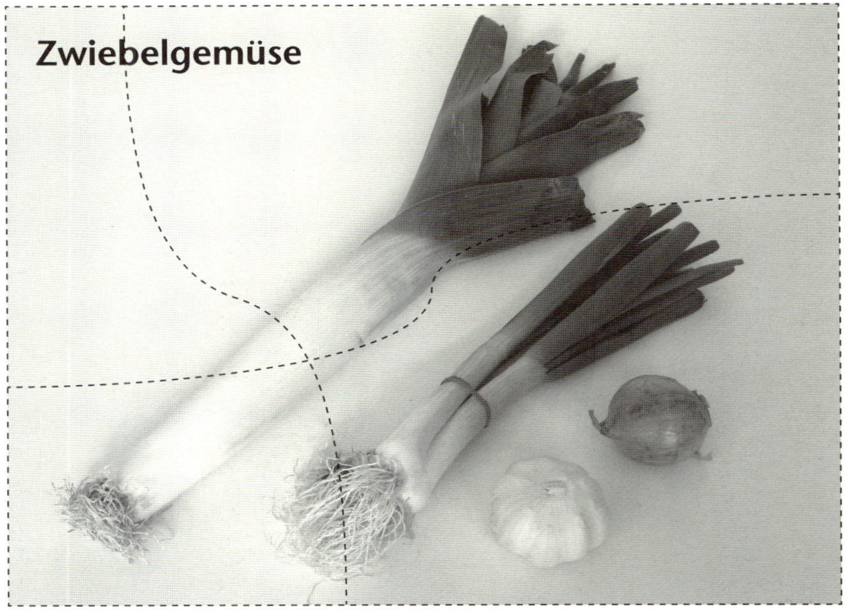
Zwiebelgemüse

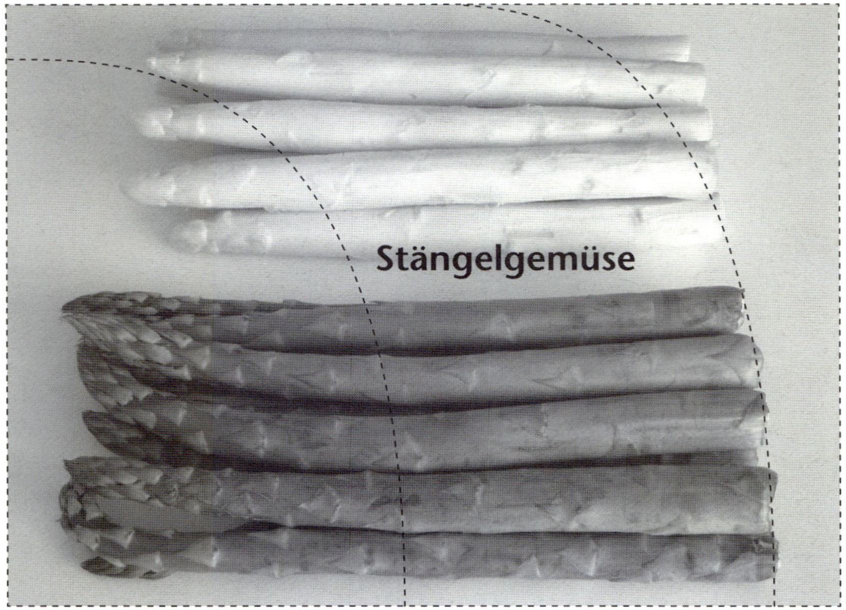
Stängelgemüse

Wurzelgemüse

Station

Bedeutung von Gemüse für den Körper

Gemüse Platz Nr. 1

Aufgaben:

1. **Lies** den Text durch.
2. **Ergänze** dein Arbeitsblatt (Nummer 1).

Gemüse – ein Fitmacher!

Gemüse enthält viele wertvolle Inhaltsstoffe.
Die meisten Gemüsesorten bestehen überwiegend aus Wasser (78–95 %), deshalb sind sie sehr kalorienarm.
Es enthält wichtige Vitamine (z. B. Vitamin C, Carotin) und Mineralstoffe (z. B. Kalium, Magnesium und Phosphor), welche vor Krankheiten schützen.
Außerdem enthält Gemüse sehr wertvolle sekundäre Pflanzenstoffe, die vor Krankheiten und Krebs schützen.
Besonders hervorzuheben ist der hohe Gehalt an Ballaststoffen. Diese regeln die Verdauung und erzeugen ein hohes Sättigungsgefühl.
Weiterhin enthält Gemüse nur wenig Fett und Eiweiß.
Deshalb ist Gemüse vor allem für eine kalorienreduzierte Kost und die schlanke Linie geeignet.

Kontrolle: Bedeutung von Gemüse für den Körper

1. Gemüse ist gesund! Es enthält:

viel Wasser	⇨ deshalb *kalorienarm*
viele Vitamine und Mineralstoffe **sekundäre Pflanzenstoffe**	⇨ schützt vor *Krankheiten*
Ballaststoffe	⇨ regelt die *Verdauung*
wenig Fett und Eiweiß	⇨ kalorienarm

Station

Angebotsformen von Gemüse

Die Qual der Wahl – doch was ist am besten?

Nicht alle Angebotsformen von Gemüsen sind gleich gesund!

Aufgaben:

1. **Betrachte** die unterschiedlichen Angebotsformen von Karotten.
2. **Lege** die Bilder richtig in das Legefeld.
3. **Kontrolliere** mit der Kontrollkarte!

Angebotsform	Bewertung	
	☺☺	• unbehandelt • sehr viele Vitamine und Mineralstoffe • keine Zuckersätze • keine Konservierungsstoffe
	☺	• viele Vitamine und Mineralstoffe • viele Inhaltsstoffe bleiben sehr gut erhalten • kurz blanchiert (brühen)
	😐	• Vitamine und Mineralstoffe • oft Zucker- oder Salzzusätze
	☹	• weniger Vitamine und Mineralstoffe durch mehrmaliges Erhitzen • oft Zucker- oder Salzzusätze • evtl. Konservierungsstoffe
	☹	• weniger Vitamine und Mineralstoffe durch mehrmaliges Erhitzen • oft Zucker- oder Salzzusätze • evtl. Konservierungsstoffe

Legesteine:
kopieren, laminieren
und ausschneiden

	Karotten im **Glas** 	Karotten in der **Dose** 
Karotten**saft** 	Karotten **roh** 	**Tiefkühl**karotten 

Kontrolle: Angebotsformen von Gemüse	Karotten **roh** ☺☺ 	**Tiefkühl**karotten ☺ 
Karotten**saft** 😐 	Karotten in der **Dose** ☹ 	Karotten im **Glas** ☹ 

Station

Gemüsesäfte

Gemüse einmal anders

Gemüse wird nicht nur als Frischware, Tiefkühlkost oder Dosenware angeboten, sondern auch in Form von Säften. Hast du schon einmal einen Gemüsesaft probiert?
Hier bekommst du die Gelegenheit!

Aufgaben:

1. **Probiere** die unterschiedlichen Gemüsesäfte.
2. **Versuche,** die Säfte dem Gemüse zuzuordnen.
3. **Überlege,** wann man auf Gemüsesäfte ausweichen könnte.

Station

Nährstoffschonende Zubereitung von Gemüse

Sonst sind sie alle weg!

Aufgaben:

1. **Lies** den Text durch.
2. **Ergänze** zu jedem Bild eine Regel (Rezeptblatt).

Nährstoffschonende Zubereitung von Gemüse

Vitamine und Mineralstoffe sind licht-, hitze- und wasserempfindlich.
Es gibt einige Tricks, diese wertvollen Inhaltsstoffe zu schützen:

- Lagere dein Gemüse (wenn möglich) an einem dunklen und kühlen Ort.
- Wenn du Gemüse wäschst, so wasche es unzerkleinert, kurz und (wenn möglich) in kaltem, stehendem Wasser.
- Wenn du Gemüse zerkleinert hast, so decke es sofort mit einem Teller oder einem Tuch ab, dann gehen nur wenige Vitamine verloren.

Kontrolle: Nährstoffschonendes Vorbereiten von Gemüse:

- Gemüse wenn möglich *kühl* und *dunkel* lagern!

- Gemüse unzerkleinert, *kurz* in *kaltem* Wasser waschen!

⇨ Salat in stehendem Wasser waschen.
⇨ Sonstiges Gemüse unter fließendem Wasser waschen.

- Zerkleinertes Gemüse sofort mit einem Teller, Tuch oder Deckel *abdecken*!

Name: ______________

Rund um das Gemüse!

1. Gemüse ist gesund! Es enthält:

viel Wasser	⇨ deshalb ______________
viele Vitamine und Mineralstoffe **sekundäre Pflanzenstoffe**	⇨ schützt vor ______________
Ballaststoffe	⇨ regelt die ______________
wenig Fett und Eiweiß	⇨ kalorienarm

2. Wie viele Portionen Gemüse soll ich pro Tag essen?

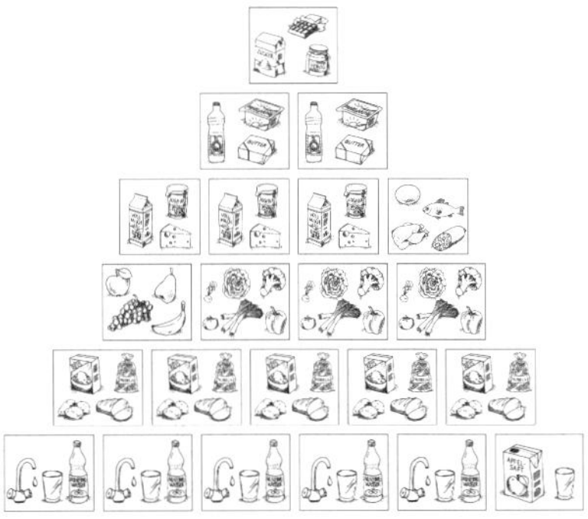

Male in der Ernährungspyramide die Bausteine mit Gemüse grün aus!

Am Tag soll ich ________ Portionen Gemüse essen!

3. Saison von Gemüse

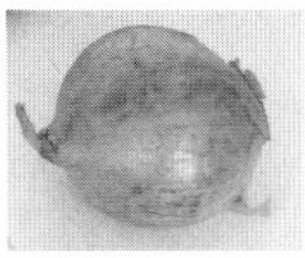

Saison von ______________ bis ______________

Saison von ______________ bis ______________

4. Gemüsefamilien

		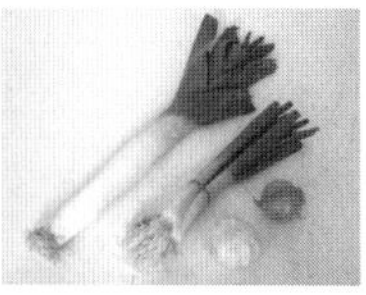

Name: ______________

Wir verarbeiten Gemüse!

KAROTTEN-KOKOS-CURRY-SUPPE

Menge	Zutaten	Zubereitung
1 500 g 1 D. ½ l	Zwiebel Karotten frisch Kokosmilch Wasser	1. Zwiebel schälen und in Halbringe schneiden. 2. Karotten schälen und in Scheiben schneiden. 3. Karotten, Zwiebeln, Kokosmilch und Wasser in einen Topf geben. 4. Suppe kochen. **Garzeit**: ca. 15 Min. 5. Suppe mit dem Pürierstab fein pürieren.
1 TL etwas	Curry Salz, Pfeffer, Brühe	6. Suppe mit Curry, Salz, Pfeffer und Brühe abschmecken. 7. Suppe anrichten.

Suppe kochen

Zwiebel, Karotten, Wasser und Kokosmilch in einen Topf geben.

Suppe kochen lassen.

Suppe pürieren.

Nährstoffschonendes Vorbereiten von Gemüse:

	• Gemüse wenn möglich ______________ und ______________ lagern!
	• Gemüse unzerkleinert, ______________ in ______________ Wasser waschen! ⇨ Salat in stehendem Wasser waschen. ⇨ Sonstiges Gemüse unter fließendem Wasser waschen.
	• Zerkleinertes Gemüse sofort mit einem Teller, Tuch oder Deckel ______________!

Obst

Übersicht:

- **Station „Obst hat Saison"**
  Medien: Saisonkalender für Obst, Arbeitsblatt (S. 67)
- **Station „Obst ist gesund!"**
  Medien: Puzzle „Obst ist gesund", Arbeitsblatt (S. 67)
- **Station „Wie viel Obst sollst du am Tag essen/trinken?"**
  Medien: Ernährungspyramide, Arbeitsblatt (S. 67)
- **Station „Bei Obst gibt es unterschiedliche Familien"**
  Medien: Arbeitsblatt (S. 67), Karte „Obstfamilien"
- **Station „Obst schmeckt lecker!"**
  Medien: Augenbinde, 3–4 Teller, 3–4 Obstsorten, Tuch/Gefäß zum Abdecken, Fotokarte „Aufbau der Station"
- **Station Puzzle-Rechtecke „Saft ist nicht gleich Saft!"**
  Medien: Puzzle-Rechtecke
- **Station „Tipps für Obstmuffel"**
  Medien: Kochbücher mit Obstrezepten
- **Station „Lust auf Süßes"**
  Medien: Würfelzucker, 4 Teller, Schokoladentafel, Schokoriegel, 1 Apfel, 1 Kiwi

Kompetenzen:

- Grundwissen über die Lebensmittelgruppe Obst erwerben und bei der individuellen Tagesplanung berücksichtigen.
- Ernährungsprobleme kennen und das eigene Ernährungsverhalten kritisch hinterfragen.
- Obst am Geschmack erkennen und Geschmack und sensorische Beschaffenheit beschreiben.

Organisatorische Hinweise:

- Als praktische Arbeitsaufgabe würden sich z. B. folgende Rezepte anbieten: Smoothies, Obstsalat, Quarkspeise mit Obst, Müsli mit Obst, Obstspieße oder Saftcocktails.
- Bei den Getränkestationen finden Sie auf S. 39 die Station „Saft ist nicht gleich Saft", in der verschiedene Getränke probiert werden. Dies kann eine wertvolle Ergänzung dieses Obst-Stationenlaufs sein.

Station

Obst hat Saison

Jede Jahreszeit hat ihre Favoriten!

Aufgaben:

1. **Suche** im Saisonkalender für jede Jahreszeit eine typische Obstsorte.
   Winter: Dezember – Februar | Frühling: März – Mai
   Sommer: Juli – August | Herbst: September – November
2. **Überlege**, welche Vorteile es hat, Obst je nach Jahreszeit einzukaufen! Vielleicht helfen dir die beiden Bilder dabei!
3. **Ergänze** das Arbeitsblatt (Nummer 3).

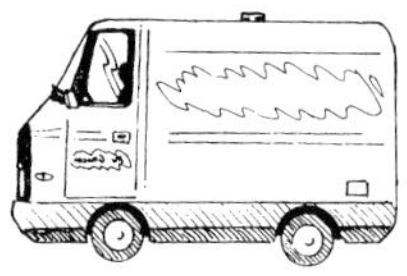

Station

Obst ist gesund!

„An apple a day keeps the doctor away!"

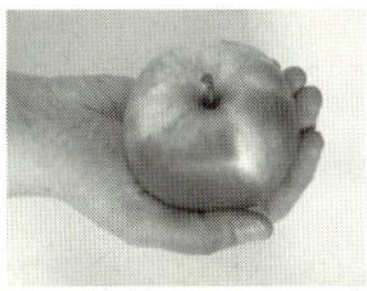

Aufgaben:

1. **Setze** das Puzzle zusammen.
2. **Ergänze** die Inhaltsstoffe von Obst auf dem Arbeitsblatt (Nummer 1).

Obst ist gesund!			
Obst enthält	etwas **Zucker,**	z. B. Fruchtzucker, Traubenzucker,	der schnell aufgenommen wird und Energie liefert!
Obst enthält	viele **Vitamine,**	z. B. Vitamin C, Carotinoide,	die vor Krankheiten schützen.
Obst enthält	viele **Mineralstoffe,**	z. B. Kalium,	das wichtig für den Wasserhaushalt und für die Funktion der Muskel- und Nervenzellen sind.
Obst enthält	viele **Ballaststoffe,**	die wichtig für	die Verdauung sind und satt machen.
Obst liefert	wenig Energie	und ist daher	… gut für die schlanke Linie!

Obst

Station

Wie viel Obst sollst du am Tag essen/trinken?

Die Ernährungspyramide hilft dir dabei!

Aufgaben:

1. **Zähle** an der Ernährungspyramide, wie viele Bausteine es mit Obst gibt.
   Tipp: Obst kommt in 2 Lebensmittelgruppen vor!
2. **Ergänze** die Tagesmenge auf deinem Arbeitsblatt (Nummer 2).

1 – 2 Handvoll Obst

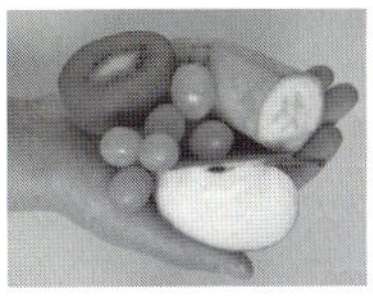

oder/und

1 Glas Saft

Station

Bei Obst gibt es unterschiedliche Familien

Ein Blick in das Innere kann manchmal helfen!

Aufgaben:

1. **Betrachte** die Bilder der Obstfamilien.
2. **Lies** den Text durch.
3. **Ergänze** die Familiennamen auf deinem Arbeitsblatt (Nummer 4).

Obstfamilien

Kernobst
z. B. Äpfel, Birnen, Quitten

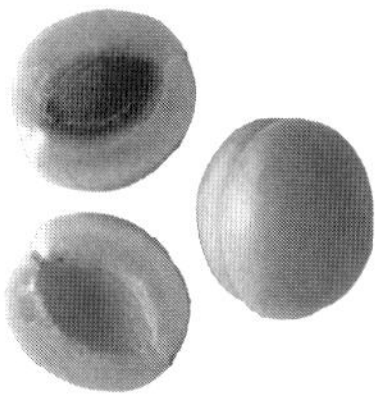

Steinobst
z. B. Pflaumen, Pfirsiche, Aprikosen

Südfrüchte
z. B. Bananen, Kiwis, Zitronen, Orangen

Beerenfrüchte
z. B. Weintrauben, Erdbeeren, Johannisbeeren

Station

Obst schmeckt lecker!

Sei ein Detektiv mit deiner Zunge!

Aufgaben:

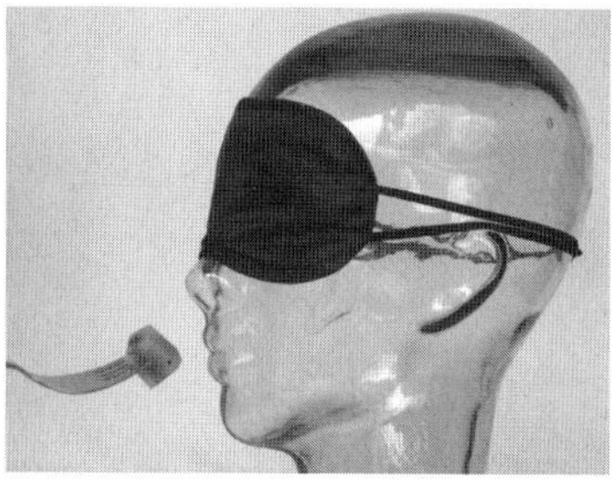

1. **Verbinde** einem Mitschüler die Augen.
2. **Probiere** die unterschiedlichen Obstsorten.
3. **Erkennst** du die Obstsorte am Geschmack?
4. **Beschreibe** den Geschmack und die Beschaffenheit, z. B. süß, sauer, bitter, hart, weich.

Aufbau der Station „Obst schmeckt lecker!"

1. Bereite folgende Gegenstände vor:
   - 3–4 Teller,
   - 3–4 Obstsorten,
   - Augenbinde,
   - Tuch zum Abdecken.
2. Schneide das Obst in mundgerechte Stücke.
3. Station aufbauen und abdecken.

Puzzle-Rechtecke „Saft ist nicht gleich Saft!"

Je höher der Fruchtgehalt, desto besser!

Aufgaben:

1. **Bedenke!** Obst ist in vielen Getränken enthalten. Aber nicht jedes Getränk ist zu empfehlen.
2. **Ordne** den Flaschen-Bildkarten die Wortkarten zu.
3. **Kontrolliere** mithilfe des Kontrollstreifens.

Getränk
% Frucht

Bewertung
☺😐☹

Puzzle-Rechtecke „Saft ist nicht gleich Saft!": gestrichelte Linien schneiden

Fruchtsaft
100 % Frucht

☺ **Bewertung:**
- viele Vitamine
- natürliches Getränk
- hoher Fruchtzucker-anteil

Fruchtsaftgetränk
6–30 % Frucht

☹ **Bewertung:**
- Zugabe von viel Zucker
- Zugabe von Aroma-stoffen

Nektar
25–50 %

😐 **Bewertung:**
- enthält Vitamine
- Zugabe von Zucker
- Schorle (halb Frucht-saft/halb Wasser) ist die billigere und gesündere Alternative

Limonade
5–15 % Frucht

☹ **Bewertung:**
- Zugabe von sehr viel Zucker
- Zugabe von künst-lichen Aromastoffen
- schlecht für Zähne und schlanke Linie

Kontrolle: „Saft ist nicht gleich Saft!"

Frucht-saft
100 %
Frucht
☺

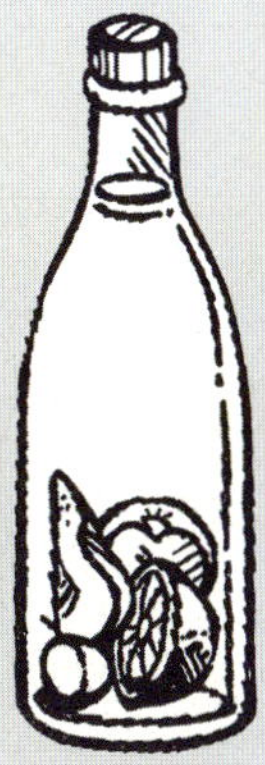

Frucht-nektar
25–50 %
Frucht
😐

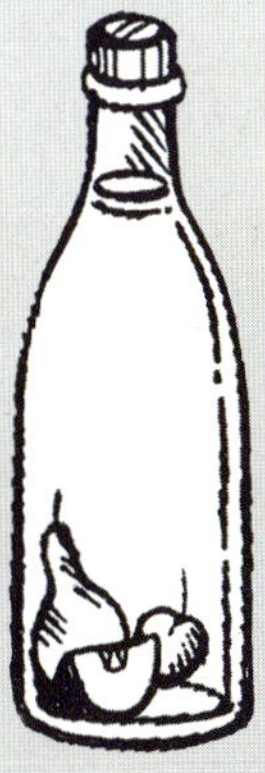

Fruchtsaft-getränk
6–30 %
Frucht
☹

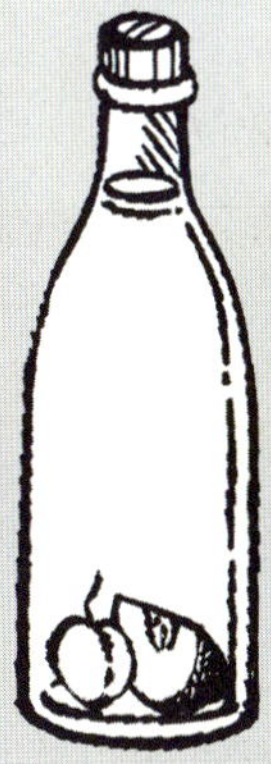

Limo-nade
5–15 %
Frucht
☹

Station

Tipps für Obstmuffel

Essen mit allen Sinnen!

Aufgaben:

1. **Lies** den Text durch.
2. **Suche** in den Kochbüchern nach Rezepten mit Obst, die du gerne mal ausprobieren möchtest.

Tipps für Obstmuffel!

Kleine Kinder essen nur, was ihnen schmeckt, und es ist ihnen egal, ob es gesund ist oder nicht. Kleine Tricks helfen ihnen dabei, Obst gerne zu essen:

- Obst verstecken, z. B. durch Pürieren, damit es nicht mehr sichtbar ist.
- Obst lustig anrichten, z. B. als Gesicht.
- Obst in süßen Speisen zugeben, die viele Kinder mögen, z. B. Milchreis mit Obst, Müsli mit Obst, Quarkspeise mit Obst, Obstkuchen.
- Obst abwechslungsreich entsprechend der Jahreszeit einkaufen, z. B. Erdbeeren im Frühjahr, Pflaumen im Herbst.

Station

Lust auf Süßes

Obst ist eine leckere, gesunde Alternative!

Manchmal hat man einfach Lust auf Süßes! Süßer Geschmack bedeutet immer, dass Zucker enthalten ist, aber Zucker ist nicht gleich Zucker. Obst ist eine gesunde Alternative, die neben wenig Zucker auch viele Vitamine und Mineralstoffe enthält.

Aufgaben:

1. **Ordne** die Zuckerstücke den Snacks zu.
2. **Kontrolliere** dein Ergebnis.

Bildsteine „Lust auf Süßes": vergrößern, Linien schneiden

 Schokoriegel	 Tafel Schokolade	 Kiwi	 Apfel
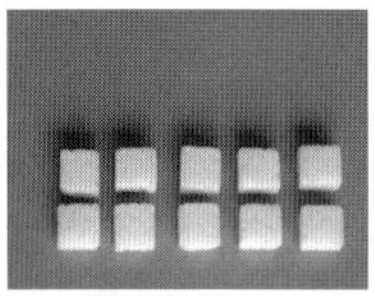	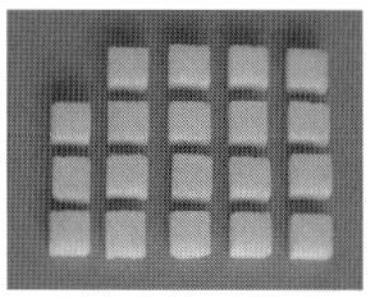	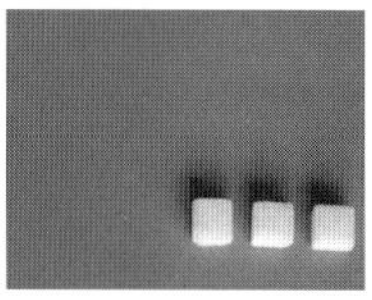	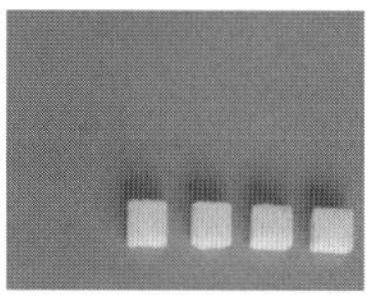

Kontrolle „Lust auf Süßes"

Eine Tafel Schokolade enthält 19 Zuckerstücke, ein Schokoriegel bis zu 10.
Obst ist eine gesunde süße Alternative. Ein Apfel enthält nur ca. 4 Zuckerstücke und eine Kiwi ca. 3.

Arbeitsblatt

Name: ______________________

Rund um das Obst!

1. Obst ist gesund! Es enthält:

______________________ ⇨ liefert schnelle Energie

______________________ ⇨ gut für die Verdauung

______________________ ⇨ schützt vor Krankheiten

______________________ ⇨ wichtig für Wasserhaushalt, Muskeln, Nerven

______________________ ⇨ gut für die schlanke Linie

2. Wie viele Portionen Obst darf ich pro Tag essen?

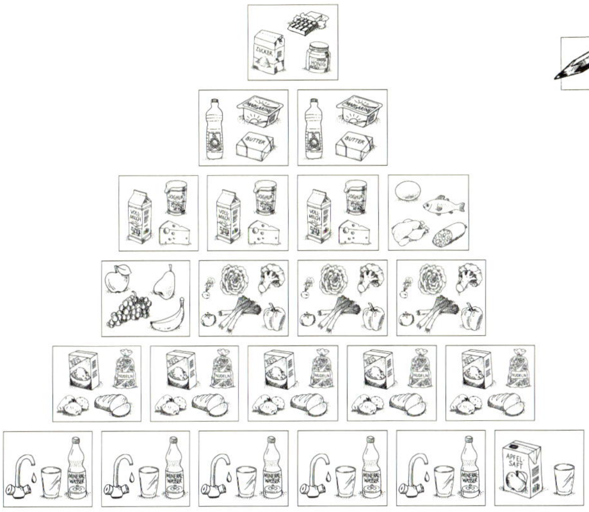

Male die Bausteine mit Obst in der Ernährungspyramide grün aus.

Am Tag darf ich ________ Portionen Obst essen!

z. B. ________  +

________ 

3. Obst hat Saison

Dez – Febr: ______________________

März – Mai: ______________________

Juni – Aug: ______________________

Sept – Nov: ______________________

Einkauf von Obst je nach Jahreszeit hat Vorteile: ______________________

____

4. Obstfamilien

			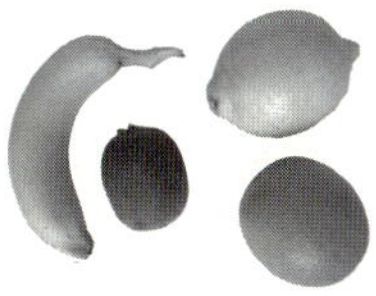

Lösung, S. 85

Milch und Milchprodukte

Übersicht:

- **Station „Wähle Milchprodukte für deine Nachspeise aus!"**
  Medien: Rezeptblatt (S. 75), Milchprodukte
- **Station „Milchprodukte unterscheiden sich im Geschmack"**
  Medien: Wortkarten Milchprodukte, Quark, Frischkäse, Joghurt, Schmand, Probierlöffel, Schälchen
- **Station „Angebot von Milchprodukten"**
  Medien: Ankreuzkarte und Kontrollkarte, Rezeptblatt (S. 75), Folienstift wasserlöslich, feuchter Lappen
- **Station „Milch und Milchprodukte enthalten wertvolle Inhaltsstoffe"**
  Medien: Textkarte, Kontrollkarte, Arbeitsblatt (S. 74)
- **Station „Fettgehalt von Milch und Milchprodukten"**
  Medien: Bildkarten, Bildstreifen, Arbeitsblatt (S. 74)
- **Station „Täglicher Bedarf an Milch und Milchprodukten"**
  Medien: Textkarte, Arbeitsblatt (S. 74)
- **Station „Kreuzworträtsel"**
  Medien: Kreuzworträtsel

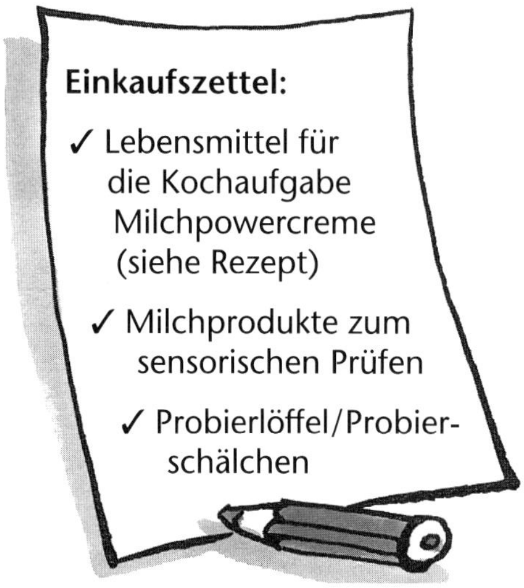

Organisatorische Hinweise:

Es ist sinnvoll, mehrere Milchprodukte zu besorgen, sodass sich die Schüler frei für 2 Milchprodukte im Rezept entscheiden können. Die übrig gebliebenen Lebensmittel können in der folgenden UE im abgeänderten Rezept verarbeitet und damit die Thematik wiederholt werden.

Kompetenzen:

- Den Geschmack von verschiedenen Milchsorten und Milchprodukten kennen und beim Zubereiten von Speisen hinsichtlich der eigenen Vorlieben auswählen.
- Die Bedeutung von Milchsorten und Milchprodukten kennen und diese im täglichen Speiseplan einplanen.

Station

Wähle Milchprodukte für deine Nachspeise aus!

Deine Entscheidung zählt!

Aufgaben:

1. **Lies** das Rezept „Milchpowercreme" durch.
2. **Wähle** 2 verschiedene Milchprodukte für deine Nachspeise aus. (Einigt euch in eurem Team!)
3. **Trage** deine Entscheidung in dein Rezeptblatt ein.

Station

Milchprodukte unterscheiden sich im Geschmack

Geschmackstester!

Aufgaben:

1. **Probiere** die verschiedenen Milchprodukte.
   Beachte: Verwende jeweils einen frischen Löffel!
2. **Ordne** die Wortkarten den probierten Milchprodukten zu.
3. **Überprüfe** deine Lösung auf der Unterseite der Schälchen.
4. **Wähle** 2 Milchprodukte aus, mit denen du eine Nachspeise herstellen möchtest, und **ergänze** diese in deinem Rezeptblatt.

Wortkarten Milchprodukte

- Vorlage kopieren und laminieren.
- Milchprodukte in Schälchen füllen.
- Schälchen auf der Unterseite nummerieren.

Quark	Frisch- käse	Joghurt	Schmand
1	2	3	4

Station

Angebot von Milchprodukten

Milchprodukte in Hülle und Fülle

Aufgaben:

Im Supermarkt gibt es ein reichhaltiges Angebot von Milch und Milchprodukten.

1. **Finde** in der unten stehenden Liste die Milchprodukte heraus und **kreuze** sie an.
2. **Ergänze** in deinem Rezeptblatt 3 Milchprodukte deiner Wahl.
3. **Wische** die Ankreuzkarte mit dem feuchten Lappen wieder ab.

Ankreuz- und Kontrollkarte: Vorlage kopieren und evtl. laminieren

Angebot von Milchprodukten

☐ Quark	☐ Vollmilch	☐ Müsliriegel
☐ Streichwurst	☐ Sahnejoghurt	☐ Goudakäse
☐ Streichkäse	☐ Banane	☐ Schmand
☐ Cornflakes	☐ Buttermilch	☐ Crème fraîche
☐ Eier	☐ Butter	☐ Tee
☐ Schmand	☐ Molke	☐ Fruchtsaft
☐ Saure Sahne	☐ Mehl	☐ Puderzucker
☐ Joghurt	☐ Frischkäse	☐ Nudeln
☐ Haferflocken	☐ Milchshake	☐ Zwiebel

Kontrolle: Angebot von Milchprodukten

☒ Quark	☒ Vollmilch	☐ Müsliriegel
☐ Streichwurst	☒ Sahnejoghurt	☒ Goudakäse
☒ Streichkäse	☐ Banane	☒ Schmand
☐ Cornflakes	☒ Buttermilch	☒ Crème fraîche
☐ Eier	☒ Butter	☐ Tee
☒ Schmand	☒ Molke	☐ Fruchtsaft
☒ Saure Sahne	☐ Mehl	☐ Puderzucker
☒ Joghurt	☒ Frischkäse	☐ Nudeln
☐ Haferflocken	☒ Milchshake	☐ Zwiebel

Station

Milch und Milchprodukte enthalten wertvolle Inhaltsstoffe!

In der Milch steckt Power für unseren Körper!

Aufgaben:

1. **Lies** den Text durch.
2. **Ergänze** die Bedeutung auf deinem Arbeitsblatt (Nummer 1).
3. **Kontrolliere** mit dem Kontrollblatt!

In der Milch steckt POWER!

Milch ist durch ihre vielen Nährstoffe eines der wertvollsten Lebensmittel überhaupt. Sie enthält den wichtigen Mineralstoff Calcium. Dieser ist entscheidend für Knochenwachstum und Zähne. Ebenso enthält Milch leicht verdauliches Eiweiß. Dies ist wichtig für Wachstum und Muskelaufbau.
Auch Kohlenhydrate, nämlich Milchzucker (= Laktose), ist in der Milch enthalten. Dieser fördert die Konzentration.
Milch ist aufgrund seines Inhaltsstoffes Fett eine wertvolle Energiequelle. Das Milchfett ist leicht verdaulich.

Kontrolle: Milch und Milchprodukte enthalten wertvolle Inhaltsstoffe!

Mineralstoff CALCIUM	⇨ wichtig für **Knochenwachstum und Zähne**
Eiweiß	⇨ wichtig für **Wachstum und Muskelaufbau**
Kohlenhydrate Milchzucker	⇨ fördert die **Konzentration**
Fett Milchfett	⇨ **leicht verdaulich** und liefert **Energie**

Station

Fettgehalt von Milch und Milchprodukten

Augen auf!

Milch und Milchprodukte sind im Handel in unterschiedlichen Fettgehaltsstufen erhältlich.

Aufgaben:

1. **Sortiere** die Milchprodukte nach ihrem Fettgehalt.
2. **Ergänze** das Arbeitsblatt (Nummer 3).
3. **Überlege**, wann du fettreiche/fettreduzierte Milch und Milchprodukte wählst.

Bildsteine „Fettgehalt"
- Streifen „Fettgehalt" um 200 % vergrößern
- Bildkarten nicht vergrößern, schneiden

Fettgehalt

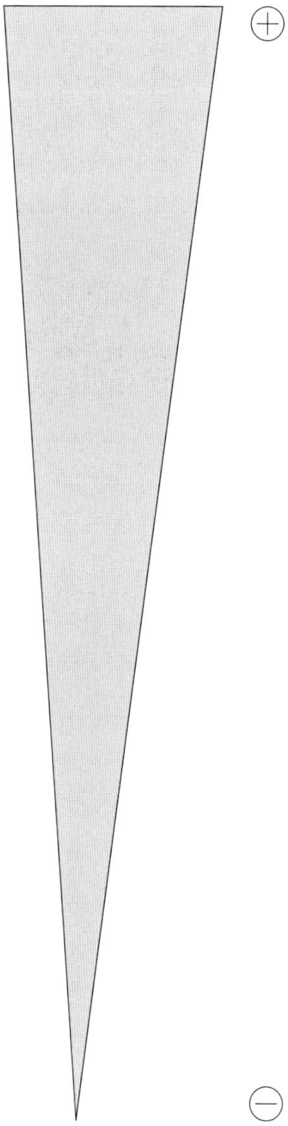

Fettarme Milch 1,5 %
Fett: 1,5 g

Naturjoghurt 3,5 %
Fett: 3,5 g

Vollmilch 3,5 %
Fett: 3,5 g

Camembert
Fett: 34 g

Buttermilch
Fett: 0,5 g

Schlagsahne
Fett: 31,7 g

Speisequark 40 %
Fett: 11,4 g

Frischkäse
Fett: 31,5 g

Butter
Fett: 83,2 g

Crème fraîche
Fett: 40 g

Joghurt aus Magermilch
Fett: 0,1 g

Sahnepudding
Fett : 3,7 g

Station

Täglicher Bedarf an Milch und Milchprodukten

Gesundes auf dem Speiseplan!

Aufgaben:

1. **Lies** den Text durch.
2. **Ergänze** dein Arbeitsblatt (Nummer 2).

Milch und Milchprodukte – ein MUSS auf jedem Speiseplan!

Auch in der Ernährungspyramide haben Milch und Milchprodukte ihren Platz.

Da sie sehr wertvolle Inhaltsstoffe enthalten, sollten sie

3–4 Mal

täglich in den Speiseplan eingebaut werden, z. B. Milch als Getränk, Käsebrot, Joghurt, Müsli mit Milch, Nachspeisen aus Milchprodukten, Milchshakes usw.

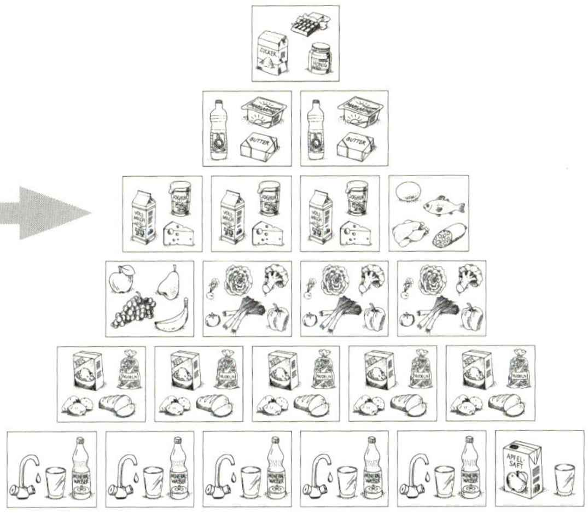

Station

Kreuzworträtsel

Fit in Sachen Milch und Milchprodukte?!

Fragen:

❶ Ein Milchprodukt, das es in vielen verschiedenen Geschmacksrichtungen gibt, z. B. Erdbeer …

❷ Der Mineralstoff Calcium fördert das Knochen …

❸ Calcium ist wichtig für die …

❹ Du sollst Milch und Milchprodukte … – 4 Mal täglich in deinen Speiseplan einbauen.

❺ Milchprodukte bestehen aus …

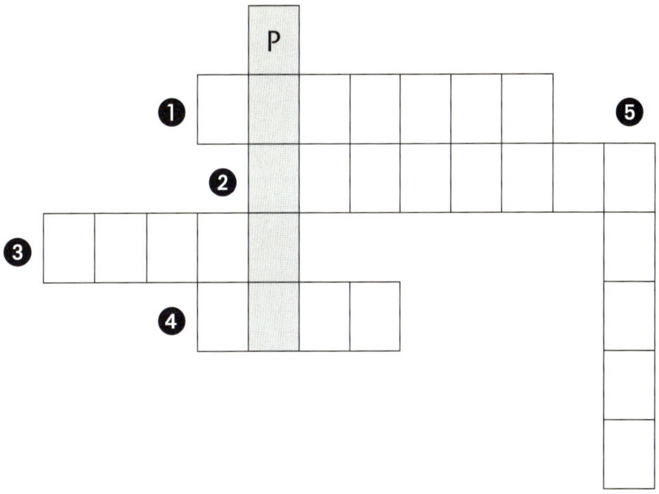

Lösungswort: Milch gibt P ______ ______ ______ ______ !

Kontrolle: Kreuzworträtsel Milch und Milchprodukte

1. Joghurt 2. Wachstum 3. Zähne 4. Drei 5. Milch

Lösungswort: POWER

Arbeitsblatt

Name: ______________________

In der Milch steckt Power!

1. Milch und Milchprodukte enthalten wertvolle Inhaltsstoffe:

Mineralstoff CALCIUM	⇨ wichtig für ______________________ ______________________
Eiweiß	⇨ wichtig für ______________________ ______________________
Kohlenhydrate Milchzucker	⇨ fördert die ______________________
Fett Milchfett	⇨ ist leicht ______________________ und liefert ______________________!

2. Täglicher Bedarf an Milch und Milchprodukten:

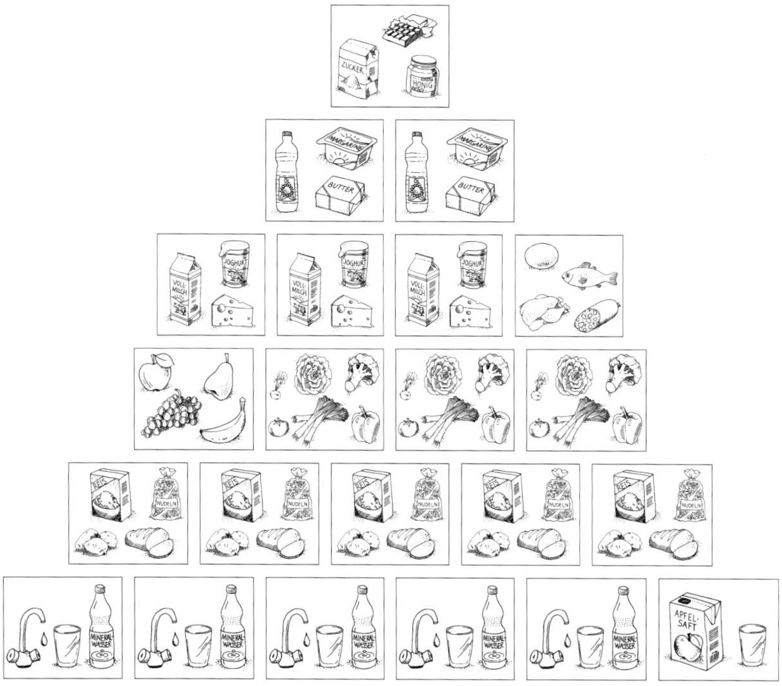

Male die Bausteine von Milch und Milchprodukten in der Ernährungspyramide gelb aus!

Plane ________ x täglich Milch und Milchprodukte in deinen Speiseplan ein!

3. Fettgehalt von Milch und Milchprodukten:

Milchprodukte mit geringem Fettgehalt: ______________________

Milchprodukte mit hohem Fettgehalt: ______________________

Rezeptblatt

Wir bereiten eine Nachspeise mit Milchprodukten zu!

Name: ______________________

MILCHPOWERCREME		
Menge	**Zutaten**	**Zubereitung**
300 g	Creme: Milchprodukte, z. B. ______________ ______________ ______________ ______________ ______________	1. Wähle 2 verschiedene Milchprodukte aus! ______________ + ______________
1 EL 6 EL 1 TL	Zucker Milch Vanillezucker	2. Wiege von jedem Milchprodukt 150 g ab. 3. Milchprodukte, Zucker und Milch zu einer cremigen Masse verrühren.
 1 1 3	Früchte: Banane Apfel Pfirsiche (Dose)	4. Früchte waschen und in Würfel schneiden. 5. Creme und Früchte schichtweise in ein Schälchen füllen. 6. Nachspeise dekorativ anrichten.

Hausaufgabe:

✂ Schneide aus Prospekten Bilder von Milchprodukten aus und klebe sie auf.

Fette

Übersicht:

- **Station „Fetteinsparung bei der Zubereitung von Speisen"**
  Medien: Arbeitsblatt (S. 81)
- **Station „Herkunft der Fette"**
  Medien: Bilder von tierischen und pflanzlichen Fetten, Wortkarten, Arbeitsblatt (S. 81)
- **Station „Versteckte Fette"**
  Medien: Abb. der Lebensmittel, Fetttropfen, Fettgehaltstabelle, Arbeitsblatt (S. 81)
- **Station „Fett in der Ernährungspyramide"**
  Medien: Esslöffel, Öl, Butter oder Margarine, Teller und Schüssel, Arbeitsblatt (S. 81)
- **Station „Fett ist nicht gleich Fett"**
  Medien: vorhandene Fette in der Schulküche, Arbeitsblatt (S. 81)
- **Station „Wähle deinen Pizzabelag"**
  Medien: Lebensmittel für den Belag, 1 Teller pro Schüler, Rezeptblatt (S. 82), Pizzateig, Tomatensoße

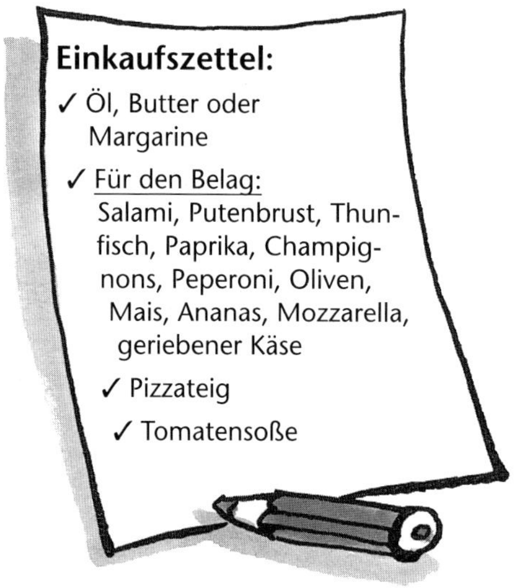

Organisatorische Hinweise:

Bei der Station „Fett ist nicht gleich Fett" kann man auf die typischen und vorhandenen Küchenfette zurückgreifen.

Kompetenzen:

- Unterschiedliche Möglichkeiten der Fetteinsparung erarbeiten und umsetzen.
- Fette nach Herkunft und ernährungsphysiologischen Gesichtspunkten einteilen und bewerten.
- Versteckte Fette erkennen und bei der täglichen Bedarfsdeckung beachten.

Station

Fetteinsparung bei der Zubereitung von Speisen

Heute bekomme ich mein Fett weg!

Aufgaben:

1. **Lies** den Text durch.
2. **Verbinde** auf dem Arbeitsblatt die Tipps zur Fetteinsparung mit den richtigen Ergänzungen (Nummer 5).

Fetteinsparung bei der Zubereitung von Speisen

Bei der Zubereitung von Speisen kannst du sehr gut Fett einsparen, wenn du einige Tipps beachtest.
Verwende zum Braten eine beschichtete Pfanne, damit benötigst du weniger Fett.
Bevorzuge magere Milchprodukte, z. B. Milch (1,5 % Fett), Magerquark, Light-Käse.
Wähle Garmachungsarten wie z. B. Kochen und Dünsten aus, da diese wenig oder keine Fettzugabe erfordern. Bereite Speisen aus frischen Lebensmitteln zu, denn Fertiggerichte enthalten oft viele verstecke Fette.

Station

Herkunft der Fette

Pflanzlich oder tierisch?

Aufgaben:

1. **Lies** den Text durch.
2. **Ordne** die abgebildeten Fette den tierischen und pflanzlichen Fetten zu.
3. **Ergänze** das Arbeitsblatt (Nummer 1).

Herkunft der Fette

Fette werden in tierische und pflanzliche Fette eingeteilt.
Tierische Fette werden aus Milch in Form von Butter, Butterschmalz, Sahne und Käse gewonnen sowie von Schlachttieren in Form von Speck, Schmalz und Talg.
Pflanzliche Fette werden vorwiegend aus Sonnenblumenkernen, Raps, Nüssen (z. B. Walnüssen) und Oliven gewonnen.

Wortkarten und Abbildungen: vergrößert kopieren, laminieren und schneiden

Tierische Fette	Pflanzliche Fette		
 Butter	 Schweineschmalz	 Margarine	 Kokosfett
 Pflanzenfett	 Olivenöl	 Rapsöl	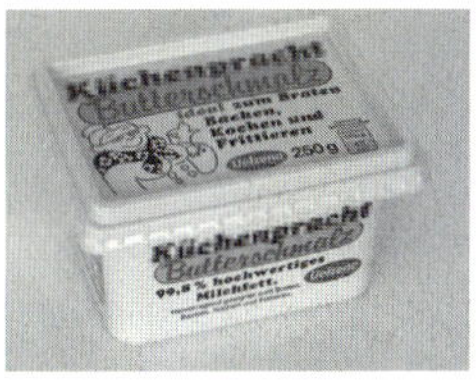 Butterschmalz

Station

Versteckte Fette

Fett ist „Dickmacher" Nummer Eins! Achtung Fettfalle!

Meist werden nicht die sichtbaren Fette, wie Butter oder Öl, unterschätzt, sondern vor allem die versteckten Fette, wie z. B. in Wurst, Käse, Fertiggerichten und Süßwaren.

Aufgaben:

1. **Schätze,** wie viel Fett in den Lebensmitteln enthalten ist!
2. **Ordne** die Bilder den Fetttropfen zu.
3. **Kontrolliere** deine Bewertungen mithilfe der Kontroll-Fetttabelle.
4. **Ergänze** 3 fettreiche Lebensmittel auf dem Arbeitsblatt (Nummer 3).

Bildkarten für die Station „Versteckte Fette“:
evtl. vergrößert kopieren, laminieren und ausschneiden

1. Wortkarten „Fetttropfen“

= viel Fett	= wenig Fett	= kein Fett

2. Bildkarten „Versteckte Fette in Lebensmitteln“

Hartkäse

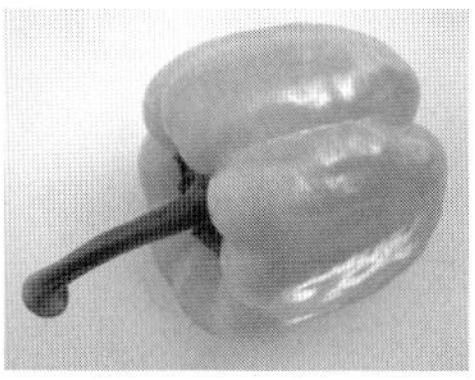
Paprika

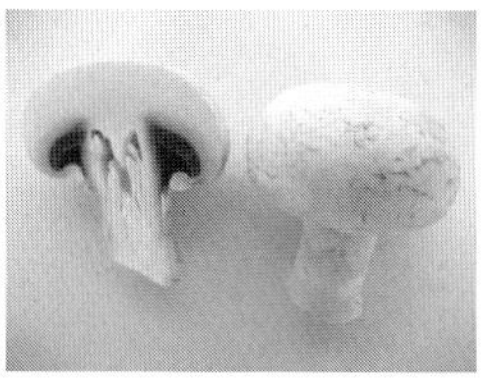
Champignons

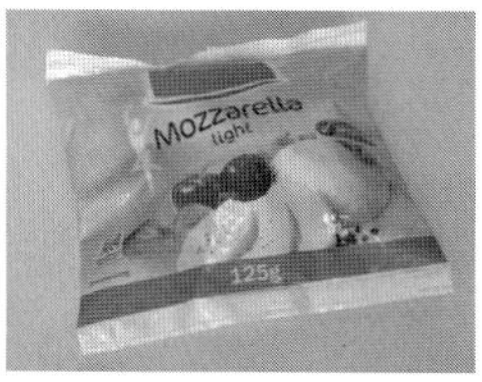
Mozzarella

Oliven

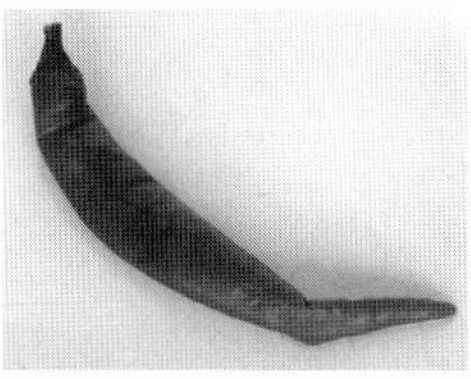
Peperoni

Tomatensoße

Salami

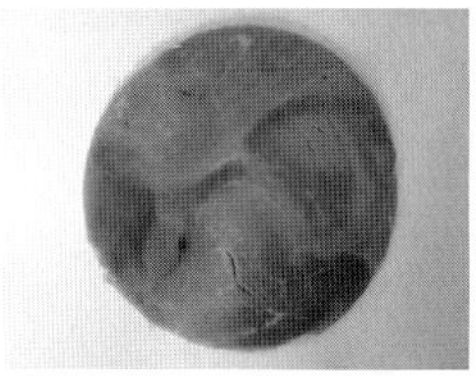
Schinken

Mais

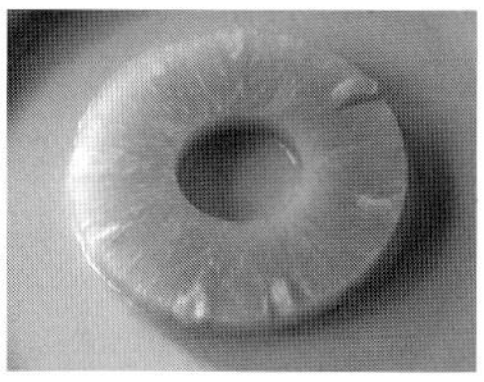
Ananas

Thunfisch

Kontrolle: Versteckte Fette

viel Fett	wenig Fett	kein Fett	
Salami	Gekochter Schinken/ Putenbrust	Ananas	Champignons
Hartkäse	Mozzarella	Tomatensoße	Paprika
Oliven	Thunfisch	Peperoni	Mais

Fette

Station

Fett in der Ernährungspyramide

Wie viele sichtbare Fette darfst du am Tag essen?

Sichtbare Fette sind z. B. Öl in Marinaden, Streichfette wie Butter und Margarine sowie Kochfette zum Braten, Frittieren und Backen.

Aufgaben:

1. **Zähle** an der Lebensmittelpyramide auf dem Arbeitsblatt, wie viele Fettbausteine es gibt.
2. **Miss** die tägliche Fettmenge an sichtbaren Fetten ab.
   (1 Portion Fett entspricht 1 Esslöffel.)
3. **Ergänze** das Arbeitsblatt (Nummer 2).

Kontrolle: Fett in der Ernährungspyramide

2 Bausteine entsprechen 2 Esslöffel sichtbare Fette pro Tag.

z. B.

Station

Fett ist nicht gleich Fett

Du brauchst Fette! Aber welche?

Aufgaben:

1. **Lies** den Text durch.
2. **Überprüfe** den Anteil der ungesättigten Fettsäuren bei den Fetten in der Schulküche.
   Tipp: Je höher der Anteil, desto wertvoller ist das Fett!
3. **Notiere** 2 gesunde Fette auf dem Arbeitsblatt (Nummer 4).

Fett ist nicht gleich Fett

Fette sind für deine Ernährung lebensnotwendig, denn sie liefern Energie und versorgen dich mit den fettlöslichen Vitaminen A, D, E und K. Bei deiner Fettauswahl solltest du Fette mit vielen ungesättigten Fettsäuren bevorzugen, da diese dich vor Krankheiten schützen können. Ungesättigte Fettsäuren sind vorwiegend in Pflanzenölen wie Sonnenblumenöl, Rapsöl, Olivenöl oder fettreichen Fischen wie Hering, Forelle oder Makrele enthalten.

Station

Wähle deinen Pizzabelag

Achte auf den Fettgehalt!

Aufgaben:

1. **Betrachte** die unterschiedlichen Lebensmittel zum Belegen der Pizza.
2. **Nimm** dir einen Teller und **wähle** die Zutaten für deinen Belag aus.
3. **Trage** auf dem Rezeptblatt deine Zutaten ein und **ergänze** den Fettgehalt.

Menge	Zutaten für den Belag	Fettgehalt
3 Sch.	Salami	9 g
1 Sch.	Putenbrust/Schinken	1 g
2 EL	Thunfisch in der Dose	1 g
1	Paprikaschote	0 g
3–4	Champignonscheiben	0 g
1	Peperoni	0 g
5	Oliven	1 g
1 EL	Mais	0 g
1 Sch.	Ananas	0 g
3 EL	Geriebener Hartkäse	7 g
¼	Mozzarella	5 g

4. **Belege** dein Pizzastück mit den Zutaten deiner Wahl.

Teig

Tomatensoße

z. B. Paprika, Champignons, Oliven, Peperoni, Schinken

z. B. Mozzarella, ger. Hartkäse

Fette

Arbeitsblatt

Fette

Name: ____________________

1. Herkunft der Fette:

Tierische Fette: ____________________

Pflanzliche Fette: ____________________

2. Täglicher Fettbedarf

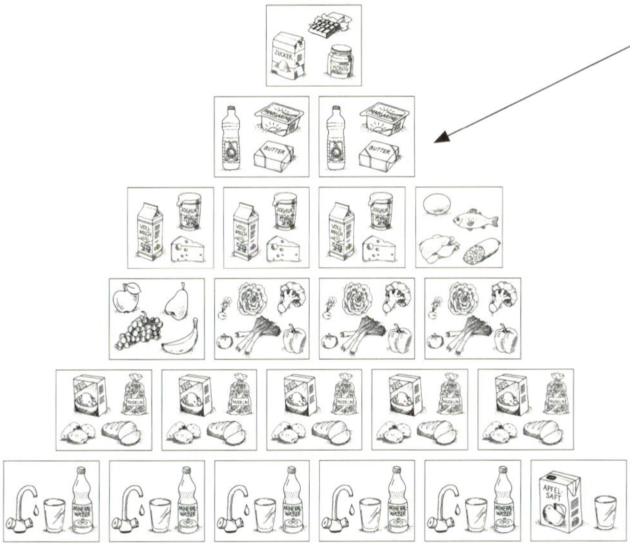

_______ Portionen sichtbare Fette

z. B.

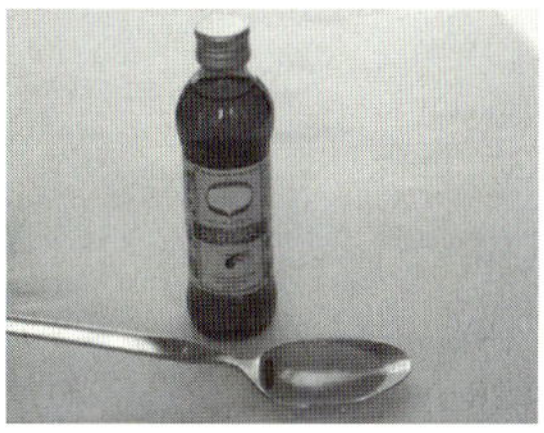

3. Versteckte Fette

sind z. B. in ____________________ enthalten.

4. Fett ist nicht gleich Fett

Gesunde Fette mit einem hohen Anteil an ungesättigten Fettsäuren sind z. B.

____

5. Fetteinsparung bei der Zubereitung von Speisen

- Bereite Speisen aus frischen Lebensmittel zu, …
- Verwende zum Braten eine beschichtete Pfanne, …
- Wähle Garmachungsarten, die wenig oder keine Fettzugabe erfordern, wie z. B. …
- Bevorzuge magere Milchprodukte, z. B. …

- Kochen, Dämpfen, Dünsten und Grillen.
- Milch (1,5 %), Light-Käse, Magerquark
- damit du weniger Fett benötigst.
- denn Fertiggerichte und Fertigsoßen enthalten häufig viele versteckte Fette.

Rezeptblatt

Name: ____________________

Wie viel Fett hat meine Pizza?

PIZZA MIT WUNSCHBELAG		
Zutaten	**Zubereitung**	
Belag nach Wunsch:	Zutaten vorbereiten:	   
Salami	1. Salamischeiben evtl. halbieren.	
Putenbrust/ Schinken	2. Putenbrustscheiben halbieren und vierteln.	
Thunfisch	3. Thunfisch zerteilen.	
Paprikaschote	4. Paprika entkernen und in feine Würfel schneiden.	
Champignons	5. Champignons in Scheiben schneiden.	
Ananasscheibe	6. Ananasscheibe in Stücke schneiden.	
Mais	7. Mais abseihen.	
Mozzarella	8. Mozzarella in Scheiben schneiden.	
	Pizza fertigstellen	
Pizzateig	9. Pizzateig nach Anleitung vorbereiten.	
3–4 EL Tomaten-soße	10. Tomatensoße auf dem Pizzateig verteilen.	
Pizzagewürz	11. Pizza belegen, würzen.	
Mozzarellascheiben	12. Pizza mit Käse belegen/bestreuen.	
Geriebener Käse	13. Pizza backen (siehe Verpackung des Teiges).	

Fettgehalt meiner Pizza

PIZZA		
Menge	**Zutaten**	**Fettgehalt**
1 Stück	Pizzateig	1 g
1 EL	Tomatensoße	0 g
	Fett insgesamt:	

Wenn deine Pizza mehr als 14 g Fett enthält, solltest du heute nur noch fettarme Mahlzeiten einplanen!

Lösungen

Mülltrennung

Arbeitsblatt

Mülltrennung

Name:

1. So trennst du richtig!

Zu Hause	**Restmüll** *Speisereste, Knochen, Hygieneartikel usw.*	**Bioabfall/Kompost** *Obst- und Gemüseabfälle, Kartoffelschalen, Gartenabfälle usw.*	**Papier** *Schreibpapier, Zeitung Verpackung aus Papier*
Wertstoffhof/-insel	**Metall** *Alufolie, Konservendosen, Kronkorken*	**Kunststoff** *Plastikbecher, Plastikverpackung, Plastikfolie, Tetrapak*	**Glas** Beachte: *Getrennt nach Farben entsorgen!*
	Sonstiges am Wertstoffhof: *Korken, Batterien, Küchengeräte, Giftmüll usw.*		

2. Müll trennen ist gut, Müll vermeiden ist besser!

Bevorzuge offenes, unverpacktes Obst und Gemüse!
Vermeide aufwendig verpackte Produkte!
Bevorzuge Pfandflaschen! Meide Getränke in Dosen und Einwegverpackungen!
Nimm zum Einkaufen einen Korb oder eine Einkaufstasche mit!
Verpacke dein Pausenbrot in einer Brotzeitbox!

3. Vorteile von Müllrecycling

Müllrecycling verringert das Müllaufkommen, schont wertvolle Rohstoffe und verringert den Energie- und Wasserverbrauch.

Einkauf

Arbeitsblatt

Einkauf – eine knifflige Sache!

Name:

1. Augen auf beim Einkauf!

Bevorzuge Großpackungen, …	wenn das Lebensmittel lagerfähig ist.
Bevorzuge saisonale und regionale Produkte, …	da diese aus der Region stammen und wertvoll sind.
Gehe mit Einkaufszettel zum Einkaufen, …	da Supermärkte oft mit Angeboten locken, die gar nicht gebraucht werden.
Vergleiche die Preise der Lebensmittel, …	da sie in verschiedenen Größen und Marken angeboten werden.
Denke an die Anordnung der Waren, …	denn teure Produkte sind immer auf Augenhöhe, billigere Produkte sind immer unten oder oben zu finden.
Prüfe die Haltbarkeit der Waren, …	und kaufe nie abgelaufene Waren.

2. Der umweltfreundliche Einkauf

Der kluge Einkäufer achtet beim Einkauf:

- auf *umweltfreundliche* Verpackungen der Lebensmittel.
- darauf, dass er einen *Korb* oder Tasche mitnimmt.
- auf wiederverwendbare *Mehrwegflaschen* oder Pfandflaschen.

3. Der Kassenzettel

Name und Adresse des Geschäftes
Mehrwertsteuer
Summe
Rückgeld
Datum
Zeitpunkt des Einkaufs

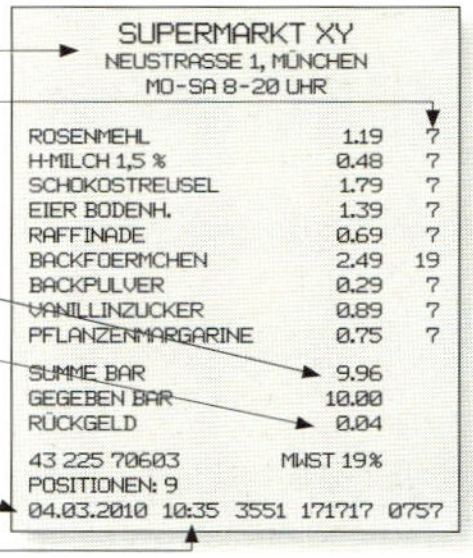
SUPERMARKT XY
NEUSTRASSE 1, MÜNCHEN
MO-SA 8-20 UHR

ROSENMEHL	1.19	7
H-MILCH 1,5 %	0.48	7
SCHOKOSTREUSEL	1.79	7
EIER BODENH.	1.39	7
RAFFINADE	0.69	7
BACKFOERMCHEN	2.49	19
BACKPULVER	0.29	7
VANILLINZUCKER	0.89	7
PFLANZENMARGARINE	0.75	7
SUMME BAR	9.96	
GEGEBEN BAR	10.00	
RÜCKGELD	0.04	

43 225 70603 MWST 19%
POSITIONEN: 9
04.03.2010 10:35 3551 171717 0757

Der Kassenzettel ist aufgrund seiner vielen Informationen ein wichtiger *Beleg* für eventuelle *Reklamation*, *Umtausch* und für die *Buchführung*!

Kassenzettel immer aufbewahren!

Arbeitsblatt

Name:

Messen und Wiegen

Messen und Wiegen

1. Der Messbecher

Im Messbecher werden vor allem Flüssigkeiten wie z. B. Wasser, Milch und Saft abgemessen.

Die Menge wird anhand einer eingeprägten Skala abgelesen.
Die Einheiten werden immer in Abkürzungen angegeben:

- l = Liter
- ml = Milliliter
- ccm = Kubikzentimeter

1/8 l =	*1/4* l =	*1/2* l =	*3/4* l =	*1* l =
125 ml =	*250* ml =	*500* ml =	*750* ml =	*1000* ml =
125 ccm	*250* ccm	*500* ccm	*750* ccm	*1000* ccm

2. Regeln zum Messen und Wiegen

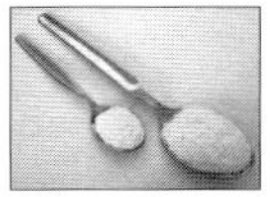

- *Teelöffel und Esslöffel nur gestrichen voll machen!*

- *Beim Messbecher immer die richtige Skala ablesen!*

- *Bei einem Rezept immer die gleiche Tasse als Maß verwenden!*

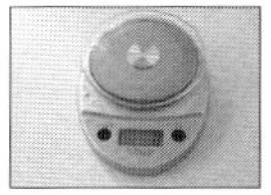

- *Waage nach jeder Zutat auf „0" zurückstellen!*

Arbeitsblatt

Name:

Die Ernährungspyramide

Ernährungspyramide

1. Lebensmittelgruppen in der Ernährungspyramide!

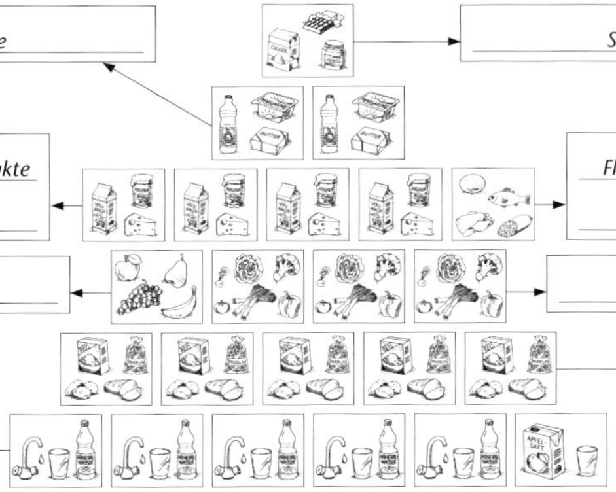

- *Süßes*
- *Fette*
- *Milch, Milchprodukte*
- *Fleisch, Fisch, Eier, Wurst*
- *Obst*
- *Gemüse*
- Getränke
- *Getreideprodukte, Reis, Kartoffeln*

2. Tagesplanung mithilfe der Ernährungsampel

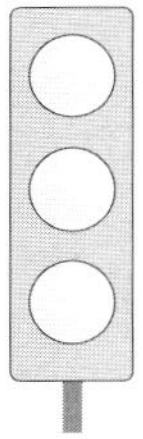

Wenig: *Süßes, Fette*

Mittel: *Milchprodukte (z. B. Käse, Joghurt, Sauerrahm), Eier, Milch, Fleisch, Fisch, Wurst*

Viel: *Obst, Gemüse, Getreideprodukte (z. B. Brot, Nudeln Reis), Kartoffeln, Wasser, Saft*

3. Meine heutige Tagesplanung

Frühstück + Pause: *Vollkornbrot, Butter, Käse, Tee, Banane, Müsliriegel, Mineralwasser*

Mittagessen: Nudeln mit Hackfleisch-Gemüsesoße, Salat, Apfelschorle

Abendessen: *z. B. Kartoffeln, Kräuterquark, Karottenrohkost, Tee*

Arbeitsblatt

Getreideprodukte
(Brot, Nudeln, Reis) und Kartoffeln

Name: ____________

1. Getreidearten

Reis — *Weizen* — *Mais* — *Hafer* — *Roggen*

2. Getreide unter der Lupe

Vollkornmehl

Es enthält das *ganze* Korn.

Wertvolle Inhaltsstoffe:

Vitamine

Mineralstoffe

Ballaststoffe

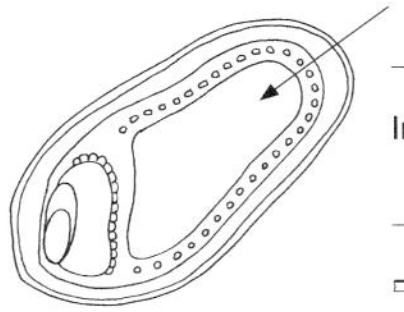

Weißes Mehl (Typ 405)

Es enthält nur den

Mehlkörper

Inhaltsstoff:

Stärke

⇨ sehr *kalorienreich*

3. Ballaststoffe

Warum sind Ballaststoffe gesund? *Sie machen satt, regen die Verdauung an und schützen vor Krankheiten, z. B. Darmkrebs, Karies, Diabetes.*

Ballaststoffreiche Lebensmittel: *Vollkornprodukte, Gemüse, Hülsenfrüchte, Obst, Knäckebrot, Vollkornnudeln, Vollkornbrot, Haferflocken.*

4. Gesunde Ernährung mit Getreideprodukten und Kartoffeln:

☺ Garmachungsarten: *Kochen, Dämpfen, Dünsten*
Lebensmittel/Gericht: *Salzkartoffeln, Vollkornnudeln, Vollkornbrot*

😐 Garmachungsarten: *Braten in der Pfanne*
Lebensmittel/Gericht: *Bratkartoffeln, Müsli, weißer Reis/Nudeln*

☹ Garmachungsarten: *Frittieren*
Lebensmittel/Gericht: *Pommes frites, süßes Gebäck, weißes Mehl*

Arbeitsblatt

Rund um das Obst!

Name: ____________

1. Obst ist gesund! Es enthält:

Zucker ⇨ liefert schnelle Energie

Ballaststoffe ⇨ gut für die Verdauung

Vitamine ⇨ schützt vor Krankheiten

Mineralstoffe ⇨ wichtig für Wasserhaushalt, Muskeln, Nerven

wenig Energie ⇨ gut für die schlanke Linie

2. Wie viele Portionen Obst darf ich pro Tag essen?

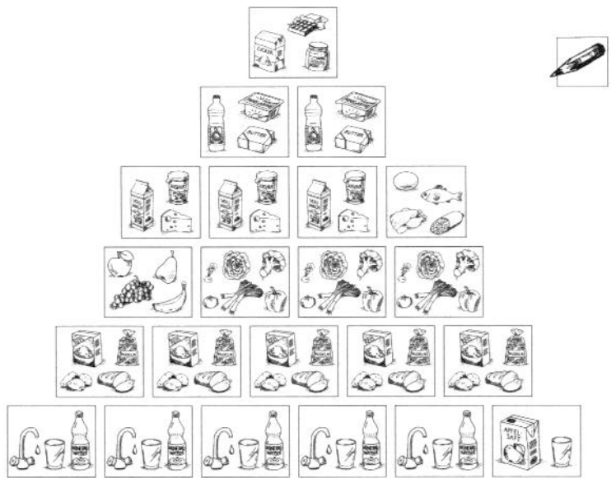

Male die Bausteine mit Obst in der Ernährungspyramide grün aus.

Am Tag darf ich *2* Portionen Obst essen!

z. B. *1*  +

1 

3. Obst hat Saison

Dez – Febr: *z. B. Apfel, Birne* März – Mai: *z. B. Erdbeere*

Juni – Aug: *z. B. Kirsche, Pfirsich* Sept – Nov: *z. B. Pflaume, Weintraube*

Einkauf von Obst je nach Jahreszeit hat Vorteile: *Obst ist frisch, Preise niedriger, kurze Transportwege, daher gut für die Umwelt, regionale Produkte*

4. Obstfamilien

Kernobst	Steinobst	Beerenobst	Südfrüchte

Gruppenkarte „Petersilie"

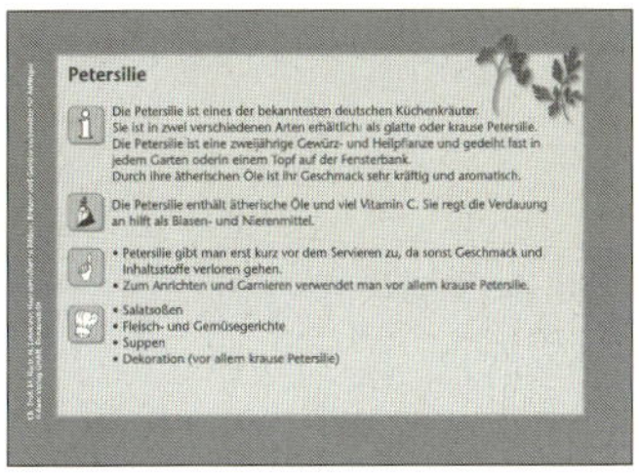

Petersilie

Die Petersilie ist eines der bekanntesten deutschen Küchenkräuter.
Sie ist in zwei verschiedenen Arten erhältlich: als glatte oder krause Petersilie.
Die Petersilie ist eine zweijährige Gewürz- und Heilpflanze und gedeiht fast in jedem Garten oderin einem Topf auf der Fensterbank.
Durch ihre ätherischen Öle ist ihr Geschmack sehr kräftig und aromatisch.

Die Petersilie enthält ätherische Öle und viel Vitamin C. Sie regt die Verdauung an hilft als Blasen- und Nierenmittel.

- Petersilie gibt man erst kurz vor dem Servieren zu, da sonst Geschmack und Inhaltsstoffe verloren gehen.
- Zum Anrichten und Garnieren verwendet man vor allem krause Petersilie.

- Salatsoßen
- Fleisch- und Gemüsegerichte
- Suppen
- Dekoration (vor allem krause Petersilie)

Die einzelnen Punkte auf der Rückseite der Gruppenkarten sind mit Symbolen versehen:

Allgemeine Informationen, z. B. über botanische Klassifizierung, Anbaugebiete, Produkte usw.

Typische Inhaltsstoffe, die in dem Gemüse oder dem Kraut vorkommen (bei Kräutern auch die Heilwirkung)

Saisonkalender (heimischer Anbau) für das jeweilige Gemüse

Praktische Tipps zur Lagerung und Verarbeitung

Typische Verwendung des Gemüses

Begleitheft mit Kopiervorlagen

Das Begleitheft beinhaltet zu jedem Gemüsebaustein verschiedene Arbeitsblätter als Kopiervorlagen zu Arbeitstechniken und Rezepten, Differenzierungsmaterial sowie einen Saisonkalender Gemüse (heimischer Anbau).
Alle Arbeitsblätter beinhalten nach der Arbeitsanweisung sogenannte Textbausteine, z. B. [Verwende den Tunnelgriff!]. Hiermit können die Schüler den Text oder die Merkregeln ergänzen. So können die Arbeitsblätter in verschiedenen Schularten und Leistungsstufen eingesetzt werden. Bei leistungsstarken Schülern können Sie die Textbausteine einfach ausschneiden oder beim Kopieren abdecken.
Außerdem finden Sie im Begleitheft sämtliche Arbeitsschritte zu den Bildkarten als Wortkarten, die vergrößert werden können, z. B. [Blumenkohl putzen], [Blumenkohl in Röschen teilen], die sie parallel zur Bildkarte verwenden können. Die Wortkarten können zum einen zur Begriffsbildung als auch zur Sicherung an der Tafel verwendet werden.
Zu jedem Gemüse-Baustein gibt es ein Arbeitsblatt „Teste dein Wissen!", das bei jedem Baustein anders konzipiert ist, z. B. durch Ankreuzfragen, Rätsel usw.
Der Kräuter-Baustein beinhaltet allgemeine Arbeitsblätter zum Zerkleinern sowie Rezeptblätter.
Für alle Arbeitsblätter „Teste dein Wissen!" finden Sie ab S. 25 die Lösungen. Sie können zur Kontrolle im Klassenverband oder zur Selbstkontrolle der Schüler verwendet werden.

Einsatzmöglichkeiten der Bildkartei im Unterricht

Erarbeiten von Arbeitstechniken

- *Gruppenkarte Vorderseite*
  (Einzelarbeit/Partnerarbeit/Gruppenarbeit)
  Anhand der Gruppenkarte können die Schüler durch genaues Betrachten der Fotos die einzelnen Arbeitsschritte nachmachen und erlernen.
- *Gruppenkarte Rückseite*
  (Einzelarbeit/Partnerarbeit/Gruppenarbeit)
  Anhand der Rückseite können die Schüler wichtiges zusätzliches Wissen zum jeweiligen Gemüse/Kraut erwerben.

Sicherung

- *Unmittelbar nach dem Erlernen der Arbeitstechnik*
  Die einzelnen Bildkarten können nach der Demonstration des jeweiligen Arbeitsvorgangs von den Schülern genau betrachtet und in der richtigen Reihenfolge sortiert werden.
  Die Bildkarteien eignen sich ebenfalls hervorragend zur Sicherung des Gelernten an der Tafel. So kann der Schüler sie in der Schülerpraxis immer betrachten. Zusätzlich können die Wortkarten auch vergrößert und ebenfalls an die Tafel gehängt werden.

Name:	Klasse:	Datum:	Fach:	Nr.:

Kennst du diese Kräuter?

Ergänze die Namen neben den Fotos!

Dill | Basilikum | Zitronenmelisse | Liebstöckel | Kresse | Thymian

Schnittlauch | Salbei | Rosmarin | Majoran | Petersilie | Bohnenkraut

	____________		____________
	____________		____________
	____________		____________
	____________		____________
	____________	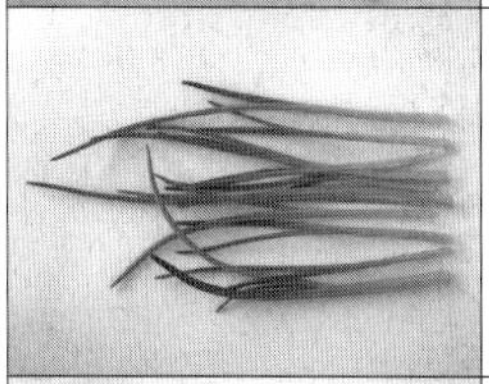	____________
	____________		____________